分散型エネルギーリソース

DISTRIBUTED ENERGY RESOURCE
BUSINESS ENCYCLOPEDIA

ビジネス大全

野村総合研究所 佐藤仁人／前田一樹／濵野功大

エネルギーフォーラム

はじめに

エネルギーシステムの潮流

　「欧米諸国を中心に再生可能エネルギーの増加に伴い、分散電源を中心としたエネルギーの供給体制、すなわち『エネルギーシステムの分散化』が進みつつある。さらに、エネルギー販売領域では、種々のサービスが統合され、ひとつのサービスとして提供される動き、もしくは単一の事業者が複数のサービスラインナップ（統合されたサービス含む）を持ち、ワンストップで需要家に提供していく動き、すなわち『エネルギーサービスのワンストップ化』が進みつつある」[1]。

　これは、筆者らが2018年に刊行した書籍『エネルギー業界の破壊的イノベーション』の冒頭の一節である。同書では、欧米などの先進地域におけるエネルギー業界の潮流として、「分散化」と「ワンストップ化」を取り上げ、これに関わるサービス・ソリューションやプレーヤーの事例を紹介した。

　その後、このエネルギー業界の変革は、着実に進んできている。特に近年は、世界的な気候変動問題への意識の高まりも受けて、分散化を進めるキードライバーである再生可能エネルギーの普及が加速し、一部の先進地域にとどまらない世界各地において、前述のエネルギー業界の変革がより顕著なものとなってきている。

　わが国においても、2020年10月に2050年カーボンニュートラル宣言がなされ、2021年4月に2030年度の温室効果ガス排出量46%削減という目標が掲げられるなど、脱炭素に向けた制度政策及び民間企業の動きが急速に活発化してきた。その結果、再生可能エネルギーの利用ニーズは大きく拡大し、さらなる普及拡大に向けた制度策定や支援などが進められている。また、2016年の電力小売全面自由化以降、小売電気事業の新規参入者シェアが拡大し続け、需要家向けサービスにおけるエネルギー事業者間の

1

競争も継続的に拡大してきている。このような環境変化を背景に、日本国内においても拙著『エネルギー業界の破壊的イノベーション』で紹介したようなエネルギーシステムの分散化とワンストップ化の潮流は、より明確な形で顕在化してきているといえる。

実際、拙著『エネルギー業界の破壊的イノベーション』で欧米などの先進市場の事例として紹介したサービス・ソリューションやプレーヤーの動向は、そのほぼすべてが既に日本企業により日本国内で実現されてきている。また、筆者らは、分散型エネルギーリソース（Distributed Energy Resources、以下、DER）に関わる領域で、官公庁と民間企業の双方に対して、長年にわたりコンサルティングサービスを提供してきたが、そのなかで扱うテーマをみても近年は、より日本国内での事業開発にフォーカスした、より具体的な検討が増えてきている。数年前までは、海外の先進市場における制度設計を詳細に調査・研究し、国内制度を検討するアプローチや、海外先進プレーヤーのサービスに着想を得て、海外から日本市場への展開を検討するアプローチをとることが多かった。こういったアプローチは現在でも十分有効だが、近年は、国内のDER関連制度が一定程度整えられ、市場が顕在化しつつあることから、日本国内の現行制度や市場・競争環境に対する詳細な把握・考察により重きを置いて、制度・政策や事業戦略の策定を行うことが求められるようになってきているといえる。

本書の構成

以上のような状況から、本書では、拙著『エネルギー業界の破壊的イノベーション』で提唱した分散化・ワンストップ化という流れを引き継ぎつつも、日本国内市場に重きを置いて、DERによるエネルギーシステムの変革の姿について整理・考察を行っていきたい。本書の構成は、次のとおりである。

まず1章では、DERの普及拡大とその有効活用の重要性の高まりについて述べる。ここでは、日本国内においてDERの普及拡大が進んできてい

る現状と今後の普及見通しを示す。また、再生可能エネルギーの拡大など
により生じてきている電力システムへの影響を示し、DER 有効活用の重要
性について述べる。

2章においては、DER 普及と有効活用を支える政策・制度について整理
を行う。DER の普及・有効活用に関連する政策・制度を示したうえで、そ
れらが DER 関連事業にとってどのような影響を与えるものなのかについ
ての考察を行う。

3章においては、DER 関連サービスの動向について述べる。代表的な
DER 関連サービスを整理し、各サービスについて、それらがどのような
ビジネスモデルかを述べたうえで、日本国内のプレーヤーによる関連事例
を紹介する。

4章では、DER 関連サービスの統合化の動きについて述べる。これまで
「ワンストップ化」と称していた動きに対して、DER 関連サービスの「エネ
ルギーサービス内の統合」と「非エネルギーサービスとの連携・統合」とい
う視点で考察を行う。

最後に、5章では、DER 関連事業に関わる各企業が取るべき動き・目指
すべき方向性について考察を行う。DER 関連事業の展開にあたって事業者
が直面し得る難しさについて述べたうえで、各社が DER 関連事業を推進
するうえで考慮・検討すべき事項を示す。

なお、本書は、各章を順番に読み進めていただくことを想定した構成と
しているが、2章については、DER に関わる個別の政策・制度の解説を行
っており分量が多くなっている。そのため、必要に応じて、読者の皆様の
ご興味がある項目のみをご確認いただいたうえで、次の章に進んでいただ
きたい。

本書の狙い

前述のとおり、筆者らは、官民双方に対するコンサルティングサービ
スの提供を通じて、長年 DER 関連領域に携わってきた。特に日本国内に

おけるDER市場の活性化に向けては、市場におけるDR（Demand Response）活用のための国内初の本格的な政府検討の場であった「ネガワット取引のガイドライン作成検討会」の設置当初（2014年4月）から、経済産業省の外局である資源エネルギー庁の委託事業を通じて市場設計に関わってきた。[2] 当時と比べると日本国内のDER関連市場は、関係各位の多大なる努力の成果により、制度・市場整備の面でも、各事業者の提供サービスの面でも、またその認知度の面でも大きく前進をしてきたといえる。しかし、DERが持つポテンシャルや今後のエネルギーシステムにおける重要性に鑑みると、これらのいずれの面においてもさらなる改善を行い、今後のDERの普及・利用拡大を実現していくことが、日本のエネルギーシステムにおいて非常に重要であると考える。

　そのため、本書がDERに関してひとりでも多くの方の興味を喚起し、さまざまな関係者の方々がDER関連事業に対する理解を深め、事業開発・推進するうえでの一助となることで、わが国における今後のさらなるDERの普及・利用拡大に、いささかでも貢献することができるとすれば、それは筆者らにとって望外の喜びである。

2022年11月
野村総合研究所
筆者一同

分散型エネルギーリソースビジネス大全

［目次］

はじめに ·· 1

1 DERの拡大とその有効活用の重要性の高まり ············· 9

1.1 DERの普及拡大 ·· 10
1.1.1 DSRの拡大 ·· 13
1.1.2 系統直付け設備の拡大 ·· 16

1.2 自然変動再生可能エネルギーの拡大によって生じる電力システムへの影響 ·· 18
1.2.1 出力制御の発生 ·· 18
1.2.2 昼間の卸電力市場価格の低下 ·· 21
1.2.3 調整力・慣性力などのニーズの増加 ·· 24
1.2.4 電力系統に流れない電力の増加 ·· 25

1.3 DER有効活用の重要性の高まり ·· 28
1.3.1 DR/VPPの概要 ·· 28
1.3.2 DR/VPPの効果 ·· 29
1.3.3 DR/VPPのポテンシャル ·· 32
COLUMN
DRの効果〜卸電力市場価格・電源調達コスト低減効果などの分析 ·· 37

2 DER導入・活用に関わる制度・政策の現状・見通し ············· 43

2.1 DERの導入促進 ·· 44
2.1.1 導入目標の設定 ·· 45
2.1.2 導入インセンティブの付与 ·· 49
2.1.3 導入環境の整備 ·· 60

2.2 DERの活用促進 ·· 62
2.2.1 活用インセンティブの付与 ·· 62

　　　2.2.2 活用環境の整備 ‥‥‥‥‥‥‥‥‥‥‥‥‥‥‥‥ 66
　　　2.2.3 活用価値の顕在化 ‥‥‥‥‥‥‥‥‥‥‥‥‥‥‥ 86
　COLUMN
　変わり続けるDER関連制度・政策 ‥‥‥‥‥‥‥‥‥‥‥ 112

3 DER 関連サービス動向　‥‥‥‥ 115

3.1 DER 関連サービスの全体像と提供価値 ‥‥‥‥‥‥ 116
3.2 DER 関連サービス概要と事例 ‥‥‥‥‥‥‥‥‥‥‥ 120
　　　3.2.1 蓄電池関連サービス ‥‥‥‥‥‥‥‥‥‥‥‥‥ 120
　　　3.2.2 EV 充電マネジメント ‥‥‥‥‥‥‥‥‥‥‥‥‥ 125
　　　3.2.3 DR/VPP ‥‥‥‥‥‥‥‥‥‥‥‥‥‥‥‥‥‥‥ 128
　　　3.2.4 再生可能エネルギーアグリゲーション ‥‥‥‥‥ 133
　　　3.2.5 自己託送・PPA ‥‥‥‥‥‥‥‥‥‥‥‥‥‥‥‥ 137
　　　3.2.6 TPOサービス ‥‥‥‥‥‥‥‥‥‥‥‥‥‥‥‥ 144
　　　3.2.7 マイクログリッド ‥‥‥‥‥‥‥‥‥‥‥‥‥‥ 147
　COLUMN
　将来のDER関連サービス：P2P電力取引 ‥‥‥‥‥‥‥‥ 150

4 DER 関連サービス統合化の動き　‥‥‥ 155

4.1 DER 関連サービス統合化の視点 ‥‥‥‥‥‥‥‥‥ 156
　　　4.1.1 エネルギーサービス内での統合 ‥‥‥‥‥‥‥‥ 156
　　　4.1.2 非エネルギーサービスとの連携・統合 ‥‥‥‥‥ 161
4.2 各種サービスの結節点としての統合化の視点 ‥‥‥ 169
4.3 DER 関連サービス統合化の方向性 ‥‥‥‥‥‥‥‥ 172
　　　4.3.1 DER 関連サービス統合化の目的 ‥‥‥‥‥‥‥‥ 172
　　　4.3.2 結節点の強さから見る統合化の方向性 ‥‥‥‥‥ 176
　COLUMN
　セクターカップリング 〜電力セクターと他セクターの融合 ‥‥ 180

5 DER関連事業の難しさと 関連企業の目指すべき方向 183

5.1 DER関連事業の難しさ ⋯⋯⋯⋯⋯⋯⋯⋯⋯⋯⋯⋯⋯⋯⋯⋯ 184
5.1.1 DER関連事業の事業上の位置付けの定義 ⋯⋯⋯⋯⋯ 186
5.1.2 事業モデルの転換の必要性 ⋯⋯⋯⋯⋯⋯⋯⋯⋯⋯⋯⋯ 187
5.1.3 「事業環境見通しの不透明性」と
「顧客囲い込みの先行者利得」のジレンマ ⋯⋯⋯⋯ 188

5.2 関連企業の取るべき動き・目指すべき方向 ⋯⋯⋯⋯⋯ 189
5.2.1 DER関連サービスの稼ぎどころの明確化 ⋯⋯⋯⋯⋯ 191
5.2.2 プレーヤー間の連携 ⋯⋯⋯⋯⋯⋯⋯⋯⋯⋯⋯⋯⋯⋯ 193
5.2.3 制度把握と働きかけ ⋯⋯⋯⋯⋯⋯⋯⋯⋯⋯⋯⋯⋯⋯ 195
5.2.4 不透明性が残るなかでの意思決定・事業開発 ⋯⋯⋯ 196

おわりに ⋯⋯⋯⋯⋯⋯⋯⋯⋯⋯⋯⋯⋯⋯⋯⋯⋯⋯⋯⋯⋯⋯⋯ 198

参照文献 ⋯⋯⋯⋯⋯⋯⋯⋯⋯⋯⋯⋯⋯⋯⋯⋯⋯⋯⋯⋯⋯ 200
略語集 ⋯⋯⋯⋯⋯⋯⋯⋯⋯⋯⋯⋯⋯⋯⋯⋯⋯⋯⋯⋯⋯⋯ 206
著者紹介 ⋯⋯⋯⋯⋯⋯⋯⋯⋯⋯⋯⋯⋯⋯⋯⋯⋯⋯⋯⋯⋯ 207

1

DERの拡大と
その有効活用の重要性の
高まり

わが国では、2020年10月の菅内閣総理大臣（当時）の所信表明におい
て、2050年にカーボンニュートラルを目指すことが宣言された。また、
2021年4月の米国主催気候サミットにおいては、2050年カーボンニュー
トラルを踏まえて、2030年度の温室効果ガスの46％削減（2013年度比）
を目指すことと、さらに50％削減の高みを目指すことが表明された。そ
して、これら目標の実現に向けて、グリーン成長戦略や第6次エネルギー
基本計画、地球温暖化対策計画、パリ協定に基づく成長戦略としての長期
戦略などの策定が行われてきた。

　これらの政策に支えられ、わが国では、今後、太陽光発電や蓄電池な
どの分散型エネルギーリソース（以下、DER：Distributed Energy Re-
source）の大幅な普及拡大が見込まれる。また、太陽光発電や風力発電の
増加によって生じるさまざまな問題に対処すべく、DER有効活用の重要
性が高まっていくと考えられる。

　本章では、こうしたDERの普及拡大や、太陽光発電などの普及によっ
て生じる電力システムへの影響、DER有効活用の重要性の高まりについて
述べる。

1.1　DERの普及拡大

　第6次エネルギー基本計画では、需要側の取り組みとして、徹底した省
エネと脱炭素化を踏まえた電化・水素化などのエネルギー転換が、また供
給側の取り組みとして、電源の脱炭素化が掲げられている[3]。また、その第
6次エネルギー基本計画に基づいた2030年度のエネルギー需給の見通し
においては、各DERの導入・普及見通しも定量的に示されている[4]。これ
らのほかにも、経済産業省における審議会・研究会を中心に、さまざまな
DERの導入目標量が示されている。本節では、政策を検討するうえで示
されているDERの普及拡大の見通しについて述べる。

　本論に入る前に、ここでDERと、それに関連する重要な用語についての定義・関係性を確認しておきたい。資源エネルギー庁が公開している「エネルギー・リソース・アグリゲーション・ビジネスに関するガイドライン[5]」において、DERは、「DSRに加えて、系統に直接接続される発電設備、蓄電設備を総称するもの」と定義されている。ここで、DSRとは、Demand Side Resourceの略で、「需要家の受電点以下（behind the meter）に接続されているエネルギーリソース（発電設備、蓄電設備、負荷設備）を総称するもの」と定義されている。

　この定義によると、DERとは、設置場所について需要家サイト内外を問わない発電設備・蓄電設備と需要サイト内の負荷設備ということになる。一方、一般的にDERというと、「小規模/大型ではない」というニュアンスで使われることが多い。また、場合によっては、（発電設備の場合）「需要地に近い」という意味合いで語られることもある。欧米などでは、配電網に接続されるリソースという定義がなされることもあるが、欧米と日本では、電圧階級（低圧・中圧・高圧・特別高圧）の呼称・区切りが大きく異なることから、海外の定義を日本で用いることも難しい。

　こうした状況から、DERの定義については、すべてのステークホルダーにとって納得性の高い・明確な定義を行うことが難しい状況にある。そこで本書では、規模による閾値などを設定した明確な定義は行わず、「従来のエネルギーシステムにおいて供給力・調整力の大半を占めていた大型火力・原子力・水力（含む揚水）発電などの大規模設備以外の系統接続された発電設備・蓄電設備と、需要家サイトにおける発電・蓄電・負荷設備」という含みを持たせた意味合いでDERを語ることとしたい。

　なお、DERが語られる文脈で頻出する関連用語として、DSRやDR、VPP及びERABが挙げられる。本書においても、これらの用語を複数箇所で用いている。これらの用語は、互いに重なる部分があり、その関係性が複雑で理解が難しい面がある。そのため、前述の資源エネルギー庁のガイドラインでは、これらの用語とその関係性についても、定義・整理を行

図 1-1　DER 関連用語の定義・関係

需要家側エネルギーリソース (DSR:Demand Side Resources) 需要家の受電点以下 (behind the meter) に接続されているエネルギーリソース (発電設備、蓄電設備、需要設備) を総称するもの。

エネルギー・リソース・アグリゲーション・ビジネス (ERAB:Energy Resource Aggregation Businesses) VPPやDRを用いて、一般送配電事業者・小売電気事業者・需要家・再生可能エネルギー発電事業などといった取引先に対し、調整力・インバランス回避・電力料金削減・出力抑制回避・出力抑制回避・電力系統などの各種サービスを提供する事業のこと。

分散型エネルギーリソース (DER:Distributed Energy Resources) DSRに加えて、系統に直接接続される発電設備、蓄電設備を総称するもの。

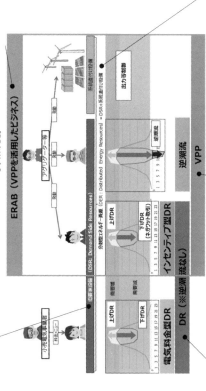

ディマンドリスポンス (DR:Demand Response) DSRの保有者もしくは第三者が、DSRを制御することで、電力需要パターンを変化させること。

バーチャルパワープラント (VPP:Virtual Power Plant) DERの保有者もしくは第三者 (DERを制御 (DERからの逆潮も含む) することで発電所と同等の機能を提供すること。

出所:資源エネルギー庁「エネルギー・リソース・アグリゲーション・ビジネスに関するガイドライン」2020年6月1日 (改定) より野村総合研究所作成

っている。図1-1に、これらの用語の定義と関係図を同ガイドラインから
抜粋したものを示す。

1.1.1 DSRの拡大

　第6次エネルギー基本計画では、産業・転換部門と、業務部門、家庭部門、
運輸部門における需要家側エネルギーリソース（以降、DSR：Demand-
side Resource）の導入・普及見通しが示されている。[3] 表1-1は、部門別の
DER導入・活用に関連する主な省エネ対策の実績・見通しと進捗率をま
とめたものである。

　産業・転換部門においては、産業ヒートポンプや産業用照明、コージェ
ネレーション（熱電併給）の導入拡大とエネルギー管理のさらなる実施が
掲げられている。産業ヒートポンプの導入は、食料品製造業などで行われ
ている加温・乾燥プロセスにおける熱を、高効率のヒートポンプで供給す
るというものであるが、2019年度時点での進捗率（2012年度の導入実績か
ら、2030年度の導入・普及見通しまで導入・普及されることによっても
たらされる省エネ量に対する進捗率）は9.1％であり、2030年度の導入・
普及見通しの達成に向けて、今後大幅に導入・普及が加速すると見込まれ
る。また、コージェネレーションとエネルギー管理についても、2019年度
時点での進捗率はそれぞれ22.6％（導入・普及見通し見直し前）、29％で
あり、引き続き導入・普及が見込まれる。

　業務部門においては、高効率な給湯設備（ヒートポンプ給湯器や潜熱回
収型給湯器など）や照明の導入拡大とエネルギー管理のさらなる実施が掲
げられている。このなかで、高効率な給湯設備とエネルギー管理について
は、2019年度時点での進捗率がそれぞれ46.3％、28.4％であり、引き続き
導入・普及が見込まれる。

　家庭部門においては、高効率な給湯設備や照明の導入拡大とエネルギー
管理のさらなる実施が掲げられている。このなかで、高効率な給湯設備に

表1-1　DER導入・活用に関連する主な省エネ対策の実績・見通しと進捗率

部門	DER導入・活用に関連する主な省エネ対策	導入実績 2012年	導入・普及見通し 2030年	進捗率 2019年
産業・転換	産業用ヒートポンプ（加温・乾燥）の導入	0.0%	9.3%	9.1%
	産業用照明の導入	6.0%	ほぼ100%	78.5%
	コージェネレーションの導入	503億kWh	798億kWh	22.6% ※見直し前の対策の数値
	産業部門における徹底的なエネルギー管理の実施	4.0%	24.0%	29.0%
業務	業務用給湯器の導入 潜熱回収型給湯器 業務用ヒートポンプ給湯器 高効率ボイラ	7.0%	44.0%	46.3%
	高効率照明の導入	9.0%	ほぼ100%	75.6%
	BEMSの活用、省エネ診断などによる業務部門における徹底的なエネルギー管理の実施	6.0%	47.0%	28.4%
家庭	CO2冷媒HP給湯機の導入	400万台	1,590万台	36.7% ※潜熱回収型給湯器なども含む見直し前の対策の数値
	燃料電池の導入	5.5万台	300万台	
	高効率照明の導入	9.0%	ほぼ100%	85.9%
	HEMS・スマートメーター・スマートホームデバイスの導入	0.2%	85.0%	1.1% ※省エネ情報提供実施などの対策も含んだ数値
運輸	EV・PHVの導入	0.0%	16.0%	17.6% ※HEVの導入などの対策も含んだ数値

出所：資源エネルギー庁「2030年度におけるエネルギー需給の見通し（関連資料）」2021年10月より野村総合研究所作成

図 1-2　蓄電システムの累積導入容量見通し

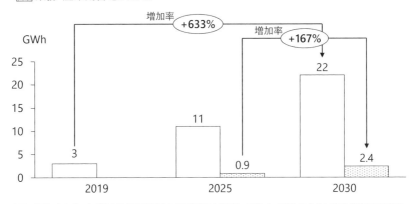

出所：資源エネルギー庁「第 4 回定置用蓄電システム普及拡大検討会　資料 4」2021 年 2 月より野村総合研究所作成

については、2019 年度時点での進捗率が 36.7％であり、引き続き導入・普及が見込まれる。また、エネルギー管理については、2019 年度時点での進捗率が 1.1％であり、2030 年度の導入・普及見通しの達成に向けて、今後大幅に導入・普及が加速すると見込まれる。

　運輸部門では、EV（電気自動車）・PHV（プラグインハイブリッドカー）の導入拡大が掲げられている。2019 年度時点での進捗率は 17.6％であり、2030 年度の導入・普及見通しの達成に向けて、今後大幅に導入・普及が加速すると見込まれる。

　また、経済産業省の定置用蓄電システム普及拡大検討会においては、図 1-2 のとおり、蓄電池の導入拡大見通しが推計されている。[6] 家庭用蓄電システムについては、2020 年の累積導入容量が約 3GWh、2030 年の累積導入容量が約 22GWh と、今後大幅な導入拡大が想定されている。業務・産業用蓄電システムについても、2030 年の累積導入容量が約 2GWh と今後大幅な導入拡大が想定されている。

　以上のように、脱炭素化に向けて電化や省エネ設備の導入が進展するな

かで、各部門のDSRは、今後大幅に普及・拡大する見通しである。これらは、国内においてエネルギーシステムが従来の中央集中型から分散型へと移行していく「エネルギーシステムの分散化」が国内でも起こっていることを如実に示すものである。こうしたDSRの普及・拡大は、DSRを有効活用することによる便益の増加へと繋がるが、特に家庭用DSRについては、その大幅な普及・拡大によって活用ポテンシャルも大きく拡大することから、今後の有効活用が期待される（詳細は1.3.3項を参照）。

1.1.2　系統直付け設備の拡大

　前述のとおり、DERは、DSRに加えて、系統に直接接続される発電設備、蓄電設備を総称するものである。[5]本書では、この系統に直接接続される発電設備、蓄電設備を、資源エネルギー庁のガイドラインに従い、「系統直付け設備」と称することとする。

　第6次エネルギー基本計画・エネルギー需給見通しでは、2030年度の電源構成が示されており、再生可能エネルギー比率は36 ～ 38％（2019年度では18％程度）となっている。そのうち、太陽光発電が14 ～ 16％、風力発電が5％、地熱が1％、水力が11％、バイオマスが5％となるが、比率の大きい水力は、立地条件の制約などから大幅な増加が見込めないことから、太陽光と風力の大幅な拡大が期待されている。具体的には、太陽光発電は2020年度の791億kWhから2030年度の1290億～ 1460億kWhまでの拡大が見込まれており、これは、年平均成長率で5.7％の拡大となる。ここから、両電源とも相当なペースで導入を進めていく必要があることが見て取れる。実際に、第40回再生可能エネルギー大量導入・次世代ネットワーク小委員会（2022年4月7日）では、2021年度FIT（再生可能エネルギーの固定価格買取制度）認定量の速報値が約2.4GWと、前年度比50％増を達成したにもかかわらず、2030年度の導入目標を達成するには、リードタイムを考慮すると年間4 ～ 6GW程度の認定が必要であることか

図 1-3　太陽光・風力の発電量の実績と見通し

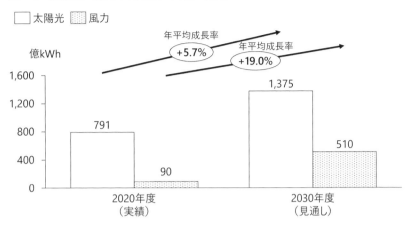

備考）太陽光の 2030 年度見通しについては、中央値を採用。
出所：資源エネルギー庁「2020 年度総合エネルギー統計　時系列表」2022 年 4 月、資源エネルギー庁「2030 年度
におけるエネルギー需給の見通し」2021 年 10 月より野村総合研究所作成

ら、導入ペースのさらなる加速が必要であることが示されている。[7]

　このように、国内においては系統直付け設備も、太陽光発電と風力発電
を中心に今後大幅に普及・拡大する見通しである。脱炭素化に向けた取り
組みを進めるなかで、発電時に温室効果ガスを排出しないこれらの電源を
増やしていくことは自然な流れであるが、一方で、こうした電源の増加が
電力システムに対して、さまざまな影響を及ぼすことになる。この影響に
ついては、次節で説明する。

1.2 自然変動再生可能エネルギーの拡大によって生じる電力システムへの影響

　太陽光発電や風力発電など自然条件によって出力が大きく変動する再生可能エネルギーは、「自然変動再生可能エネルギー」と呼ばれる。この自然変動再生可能エネルギーの普及拡大は、今後、既存の電力システムに大きな影響を与えることが予想されるが、本節では、特にDERの活用という文脈において注目すべき「出力制御の発生」と「昼間の卸電力市場価格の低下」、「調整力・慣性力などのニーズの増加」、「電力系統に流れない電力の増加」について取り上げたい。

1.2.1 出力制御の発生

　出力制御とは、一般送配電事業者が発電事業者に対し、発電設備からの出力を停止又は抑制を要請することである。出力制御が行われた場合、発電事業者は本来得られるはずであった発電による収入が得られなくなることから、出力制御は、発電事業者の事業面に大きな影響を及ぼす。この出力制御には、「需給バランス制約による出力制御」と「系統容量による出力制御」がある。

　「需給バランス制約による出力制御」は、需要量以上に発電量が生じる見通しの際に行われる出力制御である。電力系統においては、需要と供給のバランスをとることが常に求められる。そのため、需要量の変動に対して、法令などであらかじめ定められた優先給電ルールに基づいて、供給量も変動させる（出力制御する）ことで、需給バランスの維持を行っている。優先給電ルールでは、電気の発電量がエリアの需要量を上回る場合、火力発電の出力制御、揚水発電の汲み上げ運転による需要創出、地域間連系線を活用した他エリアへの送電を行うこととされているが、こうした対応を行ってもなお発電量が需要量を上回る見通しの場合、バイオマス発電の出

力制御や太陽光発電・風力発電の出力制御を行うこととされている。

一方で、「系統容量による出力制御」は、送配電線・変圧器に流すことができる電力量以上に発電する際に生じる出力制御である。発電事業を行うためには、系統容量の確保のために、一般送配電事業者又は配電事業者に接続契約を申し込む必要がある。この際、従来は、先着優先ルールが適用されていたことから、系統容量確保の順番は、全電源において接続契約申込み順に確保されていた。しかし、再生可能エネルギーの導入拡大に向けて、既存系統を最大限に活用するため、こうした系統接続の考え方や運用方法が見直され、「日本版コネクト＆マネージ」と呼ばれる取り組みが行われている（詳細は 2.1.3 項を参照）。日本版コネクト＆マネージは、最大潮流想定の精度を向上させる「想定潮流の合理化」と、系統の空き容量がより利用しやすくなる「ノンファーム型接続」、従来の運用容量を超えた接続を可能とする「N-1 電制」から構成される。このうち、「ノンファーム型接続」で接続された電源は系統混雑時に、「N-1 電制」で接続された電源は送電線の故障などの緊急時に、出力制御が行われることとなっている。

こうした出力制御の仕組みの下、太陽光を中心とした再生可能エネルギーの導入が拡大したことにより、2018 年 10 月に全国で初めて九州電力エリアで再生可能エネルギーの出力制御が行われた。図1-4 や図1-5 に示すとおり、出力制御は、時間帯では太陽光が最も発電する 12 時前後、季節では比較的需要が低下する中間期（春や秋）に多く発生する。

また、2022 年 4 月には、四国電力エリア、東北電力エリア及び中国電力エリア、同年 5 月には、北海道電力エリアにおいても、再生可能エネルギーの出力制御が行われた。第38回・第39回系統ワーキンググループにおいて、各エリアの出力制御の実施状況が報告され、四国電力エリアでは同年 4 月 9 日に 15 万 kW、東北電力エリアでは同月 10 日に 1000kW、中国電力エリアでは同月 17 日に 47 万 kW、北海道電力エリアでは同年 5 月 8 日に 19 万 kW の出力制御運用実績が紹介された。[8]

これは言い換えると、現状、揚水発電などを除けば電力を大規模に貯蔵

図1-4　2018年度から2022年6月までの九州エリアにおける太陽光＋風力の時間別延べ出力制御量の推移

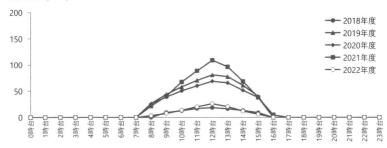

太陽光＋風力の時間別
延べ出力制御量(GWh)

備考）2022年度は4月から6月までのデータが対象。
出所：九州電力「系統情報の公開」（2022年8月26日時点）より野村総合研究所作成

図1-5　2018年度から2022年6月までの九州エリアにおける太陽光＋風力の月別延べ出力制御量の推移

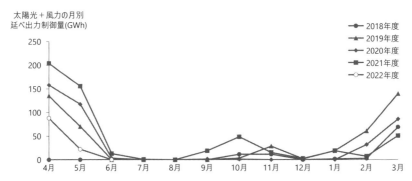

太陽光＋風力の月別
延べ出力制御量(GWh)

出所：九州電力「系統情報の公開」（2022年8月26日時点）より野村総合研究所作成

できる仕組みがないため、特に日中のみに発電する太陽光発電については、日中に発電しても一部の発電量が余ってしまっているということである。

　なお、第35回系統ワーキンググループ（2021年12月15日）では、九州地方において2022年度に年間約7億kWh（年間再生可能エネルギー発電量の約5％）の出力制御の見通しが紹介された。[8] 今後、さらなる自然変動

再生可能エネルギーの導入拡大が進むことで、出力制御量や出力制御対象
エリアが拡大していく可能性がある。

1.2.2　昼間の卸電力市場価格の低下

　日本卸電力取引所 (JEPX：Japan Electric Power Exchange) が開設・運
営する一日前市場（スポット市場）は、限界費用が安い電源から優先的に
約定される仕組みとなっている。そのため、太陽光発電や風力発電などの
限界費用がほぼゼロの再生可能エネルギーは、通常、他の電源と比べて優
先的に約定されることとなる（なお、現状では、太陽光発電・風力発電の
大半がFIT電源であるが、2017年度以降の認定案件は送配電事業者が買い
取っている。また、送配電事業者が買い取った電力は、卸電力市場に最低
価格で供出され、小売電気事業者が買い付ける取引方法が基本とされてい
る）。ここで、太陽光発電の場合は日中のみ発電することから、太陽光の
導入が拡大すると、日中の市場価格は低下することとなる。実際に、図1
-6が示すとおり、太陽光発電の発電量が最も多い時間帯である12:00や
12:30の市場価格が、他時間帯よりも低下していることがわかる。なお、
JEPXスポット市場価格は、太陽光発電の発電量に限らず、その他電源の
供給量や需要量の多寡によっても価格が変動することから、太陽光の普及
拡大は昼間の市場価格低下の主要因のひとつにすぎず、太陽光発電の発電
量以外の要因もあることにご留意いただきたい。

　また、図1-6からは、この昼間に市場価格が低下する傾向が、需給ひっ
迫により価格が高騰した2020年度や2021年度においても同様であるこ
とも見て取れる。2020年度や2021年度は、発電所のトラブルなどによる
供給力の減少や、予期せぬ気温の変化による需要の増加などにより需給が
ひっ迫し、また液化天然ガス（LNG）をはじめとする燃料価格が高騰した
ことから、市場価格が他年度よりも高騰した。こうした状況においても、
太陽光の導入拡大により、昼間は需給ひっ迫が緩和され、市場価格が相対

的に安くなっていると考えられる。

市場価格高騰時でも昼間の市場価格が低下する傾向は、日ごとの最大値差からも確認できる。図1-7に示すとおり、卸市場価格が高騰した2020年度・2021年度は、一日の最大値差が他年度よりも大きいことがわかる。これは、需給ひっ迫によって卸市場価格が高騰している際も、太陽光が発電することで昼間は需給ひっ迫が緩和されて市場価格が下落しているためである。

この傾向は、残余需要の変動からも確認できる。残余需要とは、需要電力（太陽光発電の自家消費分を除いたもの）から太陽光発電（自家消費分を除く）と風力発電の出力を引いた需要を指す。図1-8に示すとおり、太陽光の普及拡大により、12時前後の残余需要が大きく低下していることがわかる。残余需要が低下している時間は需要量に対して十分な供給量があると考えられ、その結果、図1-6で示したように12時台のスポット市場価格が低下したと考えられる。

図1-6　JEPX スポット市場の時間別年間平均価格の推移

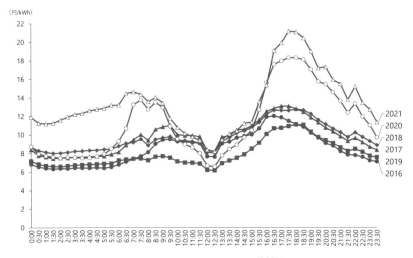

出所：日本卸電力取引所「取引情報」（2022 年 7 月 28 日時点）より野村総合研究所作成

図 1-7　JEPX スポット市場の日ごとの最大値差（最大 - 最小）の推移

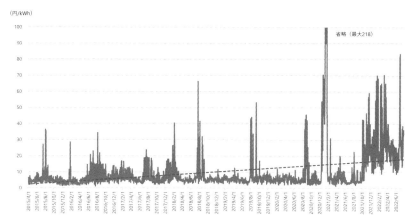

出所：日本卸電力取引所「取引情報」（2022 年 7 月 28 日時点）より野村総合研究所作成

図 1-8　2021 年度の九州エリアにおける時間別需要カーブ・残余需要カーブ

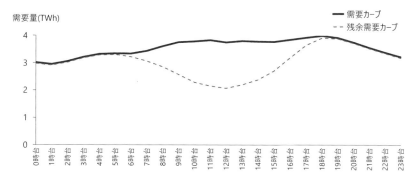

出所：九州電力「系統情報の公開」（2022 年 8 月 26 日時点）より野村総合研究所作成

1.2.3 調整力・慣性力などのニーズの増加

　自然変動再生可能エネルギーの増加により、調整力の必要量が増加する。調整力とは、需給バランスの調整などに必要となる供給力のことであり、現在、「残余需要予測誤差」と「残余需要の時間内変動」、「電源脱落」の3つの事象に対応するために必要な量が調達されている。これらのうち、自然変動再生可能エネルギーの普及拡大は、「残余需要予測誤差」と「残余需要の時間内変動」に影響を及ぼし、調整力の必要量の増加に繋がると考えられる。

　なお、詳細は2.2.3項で説明するが、これまでは一般送配電事業者が調整力公募という公募の形で、自身の供給区域内において必要な調整力を調達してきた。しかし、2021年度から需給調整市場三次②が開設されたことにより、(FITインバランス特例制度①・③の再生可能エネルギー電力に係る)前日からゲートクローズ(実需給の1時間前時点)までの予測誤差に必要な調整力は、全国大で調達されている。また、2022年度からは需給調整市場三次①が開設されたことにより、主に再生可能エネルギーや需要のゲートクローズ以降における予測誤差に対応するための調整力が、全国大で調達されている。2024年度には、他の需給調整市場商品も開設される予定であり、エリアごとに調達していた調整力公募から、全国大での調達となる需給調整市場に完全移行する予定である。

　また、中長期的には、自然変動再生可能エネルギーの増加によって慣性力や同期化力が必要になると考えられている。慣性力や同期化力とは、電源が脱落する事故などが発生した場合でも、周波数を維持する力のことであり、系統安定化に重要な力である。火力発電や水力発電などのタービンや発電機を有する電源は「同期電源」と呼ばれ、慣性力や同期化力を保有している。一方で、太陽光発電や風力発電などのインバータ電源は「非同期電源」と呼ばれ、慣性力や同期化力を保有していない。そのため、太陽光発電や風力発電などの非同期電源が増加し、かつ火力発電などの同期電

源が減少すると、電源脱落時の周波数変化率が増加し、連鎖的に電源が脱落してブラックアウトとなる可能性が増加する。

　こうした慣性力や同期化力の不足の問題は、足元ではまだ明確な形で表れていないものの、2050年のカーボンニュートラルに向けて、今後、顕在化する可能性がある。そこで、電力広域的運営推進機関の調整力及び需給バランス評価などに関する委員会では、慣性力や同期化力の不足への対応策の方針の議論や、将来断面の慣性力確保状況の試算、慣性力不足に対する対策費用の試算などが行われている。[9]

1.2.4　電力系統に流れない電力の増加

　屋根置き太陽光発電などを含めたDSRが増加すると、電力システムにおける電力の流れが大きく様変わりすると考えられる。すなわち、これまで大型発電設備から電力系統を介して需要家まで電気が届けられていた

図 1-9　家庭需要家における電力需要量と電力系統に流れない電力比率の予測

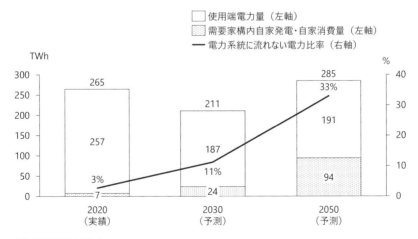

□ 使用端電力量（左軸）
▨ 需要家構内自家発電・自家消費量（左軸）
━ 電力系統に流れない電力比率（右軸）

出所：野村総合研究所作成

が、DSRの拡大により、需要家が自ら発電などを行うようになるため、電力系統に流れない電力が大幅に増加することが予想される。

　図1-9に、家庭需要家における電力需要量と電力系統に流れない電力比率の推移に関する推計結果を示し、表1-2に、その推計にあたっての前提を示す。

　2020年現在、家庭需要家の電力需要量は265TWh程度である。このうち、需要家の敷地内に設置され、発電量が主に自家消費される太陽光やエネファームと、その自家消費を促進する蓄電池によって、電力系統に流れない電力量（需要家構内で発電・自家消費される電力量）は、7TWh程度と推計され、電力系統に流れない電力比率は3%程度と考えられる。

　2030年度の電力需要量については、経済産業省「2030年度におけるエネルギー需給の見通し」によると、省エネを進めることで、約211TWhまで削減される見通しである。[4] 一方で、2050年は、RITE（地球環境産業技術研究機構）の「2050年カーボンニュートラルのシナリオ分析（中間報告）」の参考シナリオによると、約285TWhまで増加する見通しである。[10] この電力需要量の増加は、電化の進展が一因と考えられる。

　今後、太陽光やエネファーム、蓄電池などのDERの増加によって、電力系統に流れない電力比率は上昇する見通しである。野村総合研究所の推計によると、2030年度は、電力系統に流れない電力量は約24TWhと予測され、電力系統に流れない電力比率は約11%となる。さらに2050年度は、電力系統に流れない電力量は約94TWhと予測され、電力系統に流れない電力比率は約33%となる。これはすなわち2050年には、家庭需要家の電力消費量の約1/3は、現在の主流である電力系統からの電力販売という事業モデルの対象ではなくなっているということである。

　さらに、今回の試算では考慮していないが、今後、EVが普及し、太陽光発電由来の電力を充電するようになることで、太陽光発電の自家消費率はさらに上昇することも想定され、電力系統に流れない電力比率はさらに上振れする可能性もある。こうした電力系統に流れない電力比率の上昇は、

表1-2 家庭需要家における電力系統に流れない電力比率の予測の前提

項目	詳細
対象年度	• 2020年度・2030年度・2050年度
使用データ及び諸元設定方法	電力需要量 • 2020年度：資源エネルギー庁「2020年度総合エネルギー統計」を参照 • 2030年度：経済産業省「2030年度におけるエネルギー需給の見通し」を参照 • 2050年度：地球環境産業技術研究機構（RITE）「2050年カーボンニュートラルのシナリオ分析（中間報告）」の参考シナリオの電力需要量に、エネルギー基本計画の2030年の総合電力需要量に占める家庭電力需要量の比率を乗算 PV発電量 • 2020年度：FIT太陽光（住宅：10kW未満）の導入量と経済産業省「2030年度におけるエネルギー需給の見通し」の発電効率を参照 • 2030年度：経済産業省「2030年度におけるエネルギー需給の見通しにおける住宅屋根置き太陽光における屋根置き太陽光比率、経済産業省「2030年度におけるエネルギー需給の見通し」の発電効率を参照。なお、屋根置き太陽光の発電効率は、足元から2050年まで線形に変化すると想定。 • 2050年度：資源エネルギー庁「2050年カーボンニュートラルの実現に向けた検討」と経済産業省「2030年度におけるエネルギー需給の見通し」の発電効率を参照 蓄電池導入量 • 2020・2030年度：資源エネルギー庁「定置用蓄電システム普及拡大検討会」を参照 • 2050年度：すべてのPV導入家庭に蓄電池が導入されていると仮定して算出 EF導入量 • 2020年度：コージェネレーション・エネルギー高度利用センター（コージェネ財団）「エネファームメーカー販売台数」 • 2030年度：経済産業省「2030年度におけるエネルギー需給の見通し」を参照 • 2050年度：2020年から2030年の導入台数増加率が2050年まで一定と仮定して算出
推計の前提	• PV単体の自家消費率は30%、蓄電池併設のPVの自家消費率は70%と想定 • 蓄電池は、すべてPV導入家庭に併設されていると想定 • エネファーム車体の需要削減比率は78%で、すべて非PV導入家庭に導入されていると想定

出所：野村総合研究所作成

需要家に対して系統電力を供給し、電気料金という形で収入を得るという従来型の小売電気事業に大きな影響を及ぼすと考えられる。このような背景から、例えば、従来の小売電気市場に加えて、TPOなどのサービスを展開することで、電力系統に流れない電力の市場での展開も図る動きが足元でも出てきているといえる。こうしたDER関連サービスの統合化の動きは、4章で説明する。

1.3　DER有効活用の重要性の高まり

　1.1節のとおり、DERは、今後、DSR・系統直付け設備ともにさらなる導入・普及が見込まれる。また、1.2節のとおり、自然変動再生可能エネルギーの拡大によって、電力システムには足元でもさまざまな影響が生じており、中長期的にこれらの影響はさらに大きくなると考えられる。このような背景のなかで、大規模集中型電源に依存した従来型のエネルギー供給システムが見直され、DERを電力システムに活用する仕組みの構築が進められている。DERを電力システムで活用する仕組みの代表例としては、DRやVPPと呼ばれる仕組みが挙げられる。DR/VPPによって、経済的な電力システムの構築や再生可能エネルギーの導入拡大、系統安定化コストの低減などの効果が期待されている。[11]

1.3.1　DR/VPPの概要

　図1-1のとおり、ディマンドリスポンス（以下、DR：Demand Response）とは、DSRの保有者や第三者が、そのDSRを制御することで、電力需要パターンを変化させることを指す。DRは、需要制御のパターンによって、需要を減らす（抑制する）「下げDR」と、需要を増やす（創出する）「上げDR」の2つに区分される。また、需要制御の方法によって、「電気料金型DR」（電気料金設定により電力需要を制御）と、「インセンティブ

型 DR」（電力会社やアグリゲーターなどと需要家が契約を結び、需要家が要請に応じて電力需要を制御）の2つに区分される。なお、インセンティブ型の下げ DR に関する取引は、「ネガワット取引」とも呼ばれている[11]。電力会社が実施する節電プログラムも、このインセンティブ型の下げ DR のひとつである。

　一方で、バーチャルパワープラント（以下、VPP：Virtual Power Plant）とは、DSR に加え、電力系統に直接接続されている発電設備・蓄電設備の保有者もしくは第三者が、その DER を制御することで、発電所と同等の機能を提供することである。DR との違いとして、系統直付け設備の制御も含むことと、DSR の逆潮流も含むことが挙げられる。なお、逆潮流とは、消費電力よりも発電電力が多くなった場合に、余った電力を系統に戻るように流すことである[11]。

1.3.2 DR/VPPの効果

　DR/VPP により、経済的な電力システムの構築や、再生可能エネルギーの導入拡大、レジリエンスの向上などの効果が期待されている。以下に、DR/VPP の各効果の詳細を説明する。

経済的な電力システムの構築

　DR/VPP を通じて、電力システム全体としての発電コストや送配電網の整備・維持管理コストが削減されることで、より経済的な電力システムを構築することが期待されている。

　まず、DR/VPP を通じて、需要量の抑制や、電力需要の負荷の平準化を行うことで、発電コストを抑制することが期待される。電力需要のピーク時間帯は、1年間のうちわずかな時間であるものの、このピーク需要を満たすために、発電設備は維持・管理されている。そのため、DR/VPP によりピーク時間帯の電力需要を抑制することができれば、ピーク電力用の発

電設備の維持費や設備投資を抑えることが可能となる。また、ピーク時間帯や需給ひっ迫においては、燃料費が高い（限界費用が高い）電源の焚き増しが行われることが多いが、これが原因で、需給ひっ迫時には卸電力市場の価格は高騰することになる。よって、DR/VPPを活用し、ピーク需要の抑制や需給ひっ迫の緩和ができれば、燃料費が高い電源の焚き増しを抑え、卸電力市場の価格の高騰を抑制することが可能である。このようにして、DR/VPPは発電コストの削減に繋がり、より経済的にエネルギーを利用することが可能となる。[11]

　また、発電コストの削減だけでなく、DR/VPPによって送配電網の維持管理コストを低減することも期待される。低圧系統への分散型電源の接続が進むと、上位系統の設備増強が必要となる場合や、個別のローカル系統や配電系統における分散型電源の混雑管理を日常的に行うことが必要となる場合などがある。こうしたなかで、配電網を運用する事業者が他のプラットフォーマーとの連携などにより、配電エリアにおけるデジタル技術による出力制御の高度化や、地域のDERによるフレキシビリティを活用した高度な系統運用を行うことで、前述の設備増強を回避できる可能性がある。これは、上位系統を維持・運用している一般送配電事業者のコスト削減にも寄与することから、社会コスト低減にも繋がる。[12]

　このようにして、DR/VPPは経済的なエネルギー利用の促進や、送配電網の維持管理コストの低減に繋がり、経済的な電力システムの構築に寄与する。

再生可能エネルギーの導入拡大

　再生可能エネルギーの大量導入に向けては、さまざまな問題が想定され、制度・運用面の対応が進められている。再生可能エネルギー導入量の拡大により、上げ代・下げ代の不足や系統制約の発生が想定され、前者については、広域運用（需給調整市場）の構築や再生可能エネルギー出力制御機能の具備といった対応が行われ、後者については、「ノンファーム型」接

続の検討や「プッシュ型」の計画的系統整備が行われている。

　上げ代・下げ代の不足に対する再生可能エネルギー出力制御機能の具備に関しては、1.2.1項で確認したとおり、現在でも既に出力制御が行われている。ここで、DR/VPPにより需要を創出することができれば、出力制御を回避し、再生可能エネルギーで発電した電力を有効に活用することが可能となる。例えば、蓄電池などの需要家側のエネルギーリソースを制御し、当初の計画を上回る需要を創出すれば、供給量が多い時間帯においても需要と供給のバランスを保つことができる。こうした取り組みは「上げDR」と称され、より多くの再生可能エネルギーの導入・活用に貢献することが期待されている。

　また、上げ代・下げ代の不足に対する需給調整市場での調整力の調達の際に、DR/VPPによる調整力も確保することで、調整力調達コストの低減が期待されている。実際に、2021年度に開設された三次調整力②においては、執筆時点で既に、アグリゲーター3社が参加しており、DR/VPPによる調整力が提供されている。[13]

　今後、さらに自然変動再生可能エネルギーの導入が進んだ場合、出力制御や上げ代・下げ代の不足などの問題がさらに大きくなることが想定される。DR/VPPは、こうした問題の解決手段のひとつとして大いに期待されている。

レジリエンスの向上

　分散型エネルギーシステムとは、電力システムの上流からの電力供給のみに依拠するのではなく、地域に存在するDERを活用しながら、比較的下位の系統において、需給バランスを保つようなエネルギーシステムのことを指す。

　分散型エネルギーシステムには、平常時は主要系統と接続しつつ、災害時は配電系統などに接続している再生可能エネルギー電源などを利用し、独立運用を行うことができるようなシステム・事業モデルも含まれる。例

えば、分散型エネルギーシステムのひとつの形態であるマイクログリッド
においては、災害時にもエリア内の需要家に対して電力供給を継続できる
ような機能も期待されている。[12]

　このように、地域に存在するDERを活用してDR/VPPを行うことで、
地域のレジリエンス向上に貢献することが期待されている。

1.3.3　DR/VPPのポテンシャル

　1.1節に示したとおり、今後、DERは、大幅に普及・拡大することが想
定され、1.3.2項で述べたように、そのDERを活用するDR/VPPには、電
力システムに対してさまざまな効果をもたらすことが期待されている。第
17回エネルギー・リソース・アグリゲーション・ビジネス検討会（2022
年1月19日）における野村総合研究所の提出資料では、DR/VPP事業の予
見性を高めるために、DR/VPPのポテンシャル評価（DERの活用可能量の
見通し推計）を行っている。[14]このポテンシャル評価では、産業／業務や家
庭のDSRからの供出ポテンシャルと、容量市場／電源I'や需給調整市場、
卸電力市場へのDSRの参加可能量の推計がなされている。そして、これ
ら値のうち低いほうの値をDSRの活用可能量と定義し、その足元（2020
年度）及び将来（2030年度）の見通しが示されている。なお、供出ポテン
シャルは、産業は主に産業需要家からのアンケート回答に基づいて試算さ
れており、業務・家庭は主に実証結果や事業者ヒアリングに基づいて試算
されている。

　図1-10のとおり、2020年度時点で①DSRからの供出ポテンシャルは、
容量市場／電源I'や需給調整市場の②参加可能量を超えている。これより、
①DSRからの供出ポテンシャルが十分存在するにもかかわらず、②参加
可能量が限られていることから、③活用可能量は②参加可能量と同じ値に
なっていることがわかる。なお、①DSRからの供出ポテンシャルは、事
業者が直面するさまざまな問題がすべて解決された理想的な状態で供出し

得る量のことであり、問題が解決されていない足元では、実際に事業者が供出している量とは異なることにご留意いただきたい。

　そして、この傾向は、2030年度にさらに顕著となる。図1-11に示すとおり、2030年度では、①家庭用DSRからの供出ポテンシャルが大幅に拡大している。これは、1.1.1項で確認したとおり、エコキュートやエネファーム、電動車、家庭用蓄電池が大幅に普及するためである。一方で、②参加可能量は、①DSRからの供出ポテンシャルよりも低いことから、③活用可能量は、②参加可能量と同じ値になっている。なお、このポテンシャル試算以降、参加可能量拡大の議論が進み、容量市場の発動指令電源の上限枠の拡大などが決まっている（詳細は2.2.3項を参照）。

　また、ポテンシャル評価においては、現行の制度上の制約を受ける場合の活用可能量も参考として試算されている。現行の制約とは、受電点計量のため対象リソース以外の需要変動の影響を受けることや、二次①は、専用線接続の要件からDR/VPPによる参加が困難であり、DERは実質的に参加できないこと、低圧リソースは調整力市場（I'）と需給調整市場に市場参加できないことなどが挙げられる。こうした現行の制度上の制約を踏まえた場合、図1-12のとおり、2030年度時点の①DSRからの供出ポテンシャルは大幅に減少していることがわかる。

　以上のように、DR/VPPのポテンシャルは、特に家庭用DSRの大幅な拡大を中心として、今後大きく拡大する見込みである。一方で、リソースの供出に関する制度・政策上の問題や、市場の参加可能量の上限の問題などによって、DSRの活用可能量は大きく限定されると考えられている。そのため、こうした制度・政策上の問題を解決することは、DR/VPPのさらなる促進の観点で非常に重要である。こうした制度・政策上の問題の解決に向けた検討は足元で大きく進んでおり、その動向は2章に示す。

図 1-10 2020 年度の活用可能量の推計結果

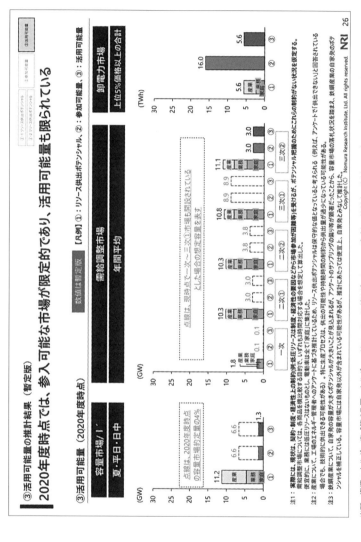

出所：資源エネルギー庁 「第 17 回エネルギー・リソース・アグリゲーション・ビジネス検討会 資料 5-1」（2022 年 1 月 19 日）

図 1-11　2030 年度の活用可能量の推計結果

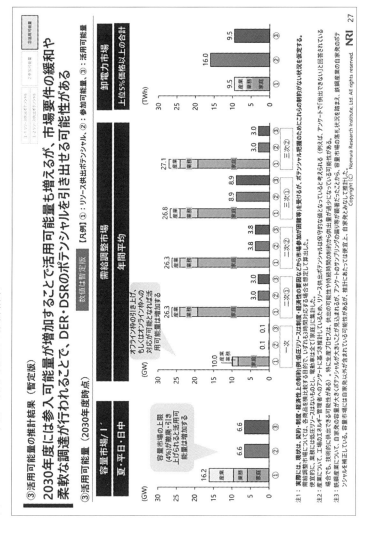

出所：資源エネルギー庁「第 17 回エネルギー・リソース・アグリゲーション・ビジネス検討会　資料 5-1」（2022 年 1 月 19 日）

図 1-12　現行の制度上の制約を踏まえた 2030 年度の活用可能量の推計結果

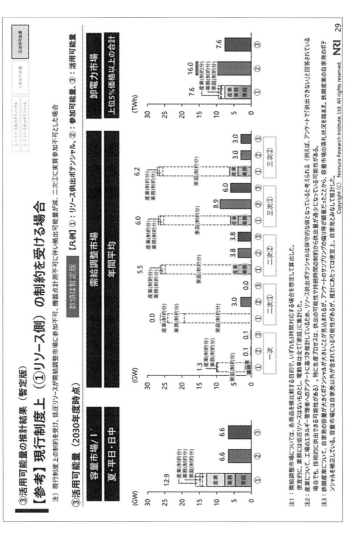

出所：資源エネルギー庁「第 17 回エネルギー・リソース・アグリゲーション・ビジネス検討会　資料 5-1」（2022 年 1 月 19 日）

COLUMN

DRの効果 ～卸電力市場価格・電源調達コスト低減効果などの分析

　本章では、近年、卸電力価格のボラティリティが高まっている（特に需給ひっ迫時の価格が高くなっている）こと及びこの緩和にDR/VPPの活用が有効であることについて述べた。ここでは、その定量的な効果を明らかにするために、「経済DR」と呼ばれる電力量（kWh）価値を提供するDRが、卸電力市場価格を低減し、市場参加全体の電源調達コストを低減する効果などについて分析を行う。

　具体的には、日本卸電力取引所が公開する情報（2021年度におけるスポット市場の取引結果[15]と価格感応度情報[16]）を用いて、「経済DRにより、500MW、1000MW、5000MWの売入札が新たに加わった場合における①スポット市場約定価格の低下額、②市場参加者の電源調達コスト総額の低下額及び③DR実施者が得られる収益額」を算出する。経済DRに関しては、「(1)DR事業者が収益額（③）を最大化するように、スポット価格が高い年間上位1%、3%、5%の時間帯にDRを実施する場合」と「(2)市場参加者全体の電源調達コスト低減総額（②）を最大化するように、スポット市場の低減幅が大きくなる年間上位1%、3%、5%の時間帯にDRを実施する場合」というケースを想定し、それぞれの場合について、前述の①・②・③を算出した。結果は、図1-13のとおりである。なお、算定に関する詳細な前提は、参考までに本コラムの末尾（表1-3）に示す。

　図1-13の結果についての考察を行う前に、各ケースの設定値についての検討を行いたい。まず、経済DRにより、500MW・1000MW・5000MWの売入札を加えるという前提について、これらの3つの設定値は、DR/VPPリソースのポテンシャル分析からは、いずれも将来的には実現可能性がある水準であると考える。前述のDR/VPPのポテンシャル分析では、2020年時点においても、約11.2GWの容量市場/電源I'相当のリソースポテンシャ

図 1-13　DR の効果分析結果

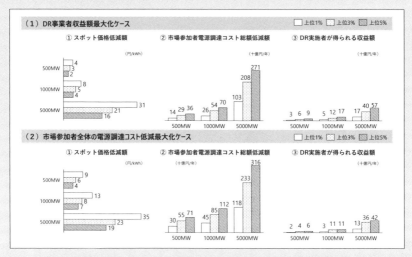

出所：日本卸電力取引所「取引結果」、「スポット市場における価格感応度」より野村総合研究所作成

ルがあることを示した。これらは、3時間前発動・3時間持続のDRを前提
としたポテンシャルであったことから、同様か、それ未満のスペックが求
められ得る経済DRにおいて、0.5～5GW程度のDRが市場運用されるとい
う前提は、経済性などが整ってくれば、非現実的な設定ではないといえる
だろう。一方、年間の上位1%・3%・5%の時間帯にDRを実施するとい
う前提は、年間88時間・263時間・438時間程度の発動を行うことを想定
している。これは、仮に1日平均3時間程度の発動を行うとすると、年間
29日・88日・146日程度の発動日があるという前提であり、活用するリソ
ース次第では、上位3%や5%はいささか発動頻度が高いといえるかもし
れない。そこで、以下では、発動量500～5000MW×上位1%のケースを
例に取って結果の考察を行いたい。

　まず、（1）DR事業者収益額最大化ケースでは、スポット価格の上位1%
の時間帯において、経済DRが実施された場合、発動量500～5000MWに
応じて、①スポット価格低減効果は、約4～31円/kWhとなっている。ス

ポット価格の上位1%の時間帯のスポット価格平均値は70円/kWh程度であるため、DRが約6〜44%の価格低減に寄与するといえる。②市場参加者全体の電源調達コスト総額低減については、上位1%の時間帯のDRによって、年間で140億〜1000億円程度の効果が見込める。2021年度におけるJEPXスポット市場の約定総額が約4.4兆円であるため、市場参加者の年間電源調達額の約0.3〜2.3%程度の低減が実現されるといえる。これに対して、約定総量に対するDR供給量は0.01〜0.13%程度に過ぎない。また、③DR実施者が得られる収益額については、年間30億〜170億円程度であり、約定総額の約0.07〜0.4%程度にとどまる。これらの結果から、DR供給量やDR実施者が得られる収益額は市場全体からみれば非常に限定的であっても、経済DRは、市場全体に対して一定の価格低減メリットを生み出し得るといえる。

　このようなことが起こり得る理由は、卸電力市場の価格決定メカニズムにある。JEPXスポット市場は、買入札を価格が高い方から並べた買入札カーブと、売入札を価格が安いほうから並べた売入札カーブの交点で、取引価格と量が決まる。約定価格はひとつで、その価格より安い売入札がすべて約定することとなる（いわゆる「シングルプライス・オークション」）。そのため、売入札が少量でも増加して買入札と売入札の交点がずれ、約定価格が低下すれば、取引量の増加自体はわずかでも、取引額全体としては大きく減少することも起こり得る。図1-14は、DRが新たなリソースとして市場投入されることで、約定価格が下がり、取引総額が低下する様子を表したものである。

　図1-14では、DRが最低価格（0.01円/kWh）で5000MW分投入されるとして、それにより売入札カーブが右側にシフトする。そして、買入札カーブと売入札カーブの交点が（4600MW、25円/kWh）付近から（4900MW、10円/kWh）付近にシフトする。その結果、市場参加者の電源調達コスト総額は、DR投入前：（Ａ）＋（Ｂ）から、DR投入後：（Ｂ）＋（Ｃ）に変化する。ここで、DR実施者が得られる収益額は、新たな約定価格×DR投入量で、（Ｃ）

図 1-14　価格決定メカニズムと DR 効果のイメージ

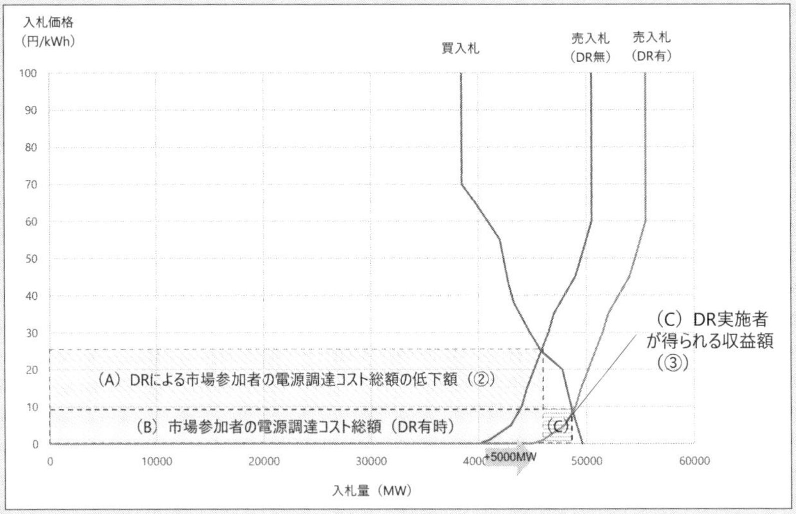

出所：野村総合研究所作成

　の部分の面積に相当する。一方、DR実施者以外の市場参加者の電源調達コスト総額の低下額は、（従来の約定価格－新たな約定価格）×従来の約定量であり、（Ａ）の部分の面積に相当する。図1-14において、（Ｃ）の部分と比べて、（Ａ）の部分の面積が十分に大きくなっていることからも、市場全体からすれば、わずかな量のDRで、DR実施者が得られる収益が限られている場合でも、市場全体に対しては一定の価格低減メリットを生み出し得ることがわかるだろう。

　次いで、（2）市場参加者全体の電源調達コスト低減最大化ケースについても、前述の（1）のケースと概ね同じ傾向を示している。一方、③DR実施者が得られる収益額については、（1）のケースよりも（2）のケースのほうが低い。また、①スポット価格低減効果及び②市場参加者電源調達コスト総額低減については（2）のケースのほうが高い。これらは各ケースの設定上、当然の結果である。ここで、現状の制度・市場条件では、DR実施者（小

売電気事業者やアグリゲーター）は、経済原則に従い、より収益の大きい
(1) のケースに近い運用を行うものと考えられ、DR が市場全体の調達価格
を最大限下げるような (2) のケースに近い形は、実現されにくいと想定さ
れる。そのため、昨今の需給ひっ迫に伴う卸電力市場価格の高騰を抑制す
るためには、特に経済 DR の規模が限定的なうちにおいては DR 実施者が
(2) のケースに近い運用をするための制度や市場設計を行うことが有効な
手立てとなり得ることが想定される。例えば、市場全体の電源調達コスト
低減に繋がるようなタイミングについては、経済 DR に対して追加の金銭
的なインセンティブを与えることなどが考えられる。

　以上から、経済 DR は、その実施量が限定的でも、市場全体の電源調達
コスト低減に有効な施策となり得ること、また、その効果をより高めるた
めには、DR 実施者が市場全体の電源調達コスト総額低減に有効な時間帯
に DR を優先的に実施するための対策を行うことが有効な施策となり得る
ことが示唆される。

42

表 1-3　DRによる卸電力市場価格・電源調達コスト低減効果などの分析　前提条件

項目	詳細
使用データ	・一般社団法人日本卸電力取引所　スポット市場取引結果・スポット市場における価格感応度（※いずれも、システムプライス）
対象期間	・2021年度（2021年4月1日～2022年3月31日）
経済DR売入札：量	・500MW、1000MW、5000MWの3パターンを設定
経済DR売入札：価格	・全量最低価格：0.01円/kWhを設定
対象とする経済DR	・本試算の対象となる経済DRとしては、小売電気事業者などが調達した電源を卸電力市場により高く販売するためにDRを行う場合（ERABガイドライン 類型 1①・ユースケース1・ユースケース2）、アグリゲーターが卸電力市場で販売するためにDRを行う場合（類型 1②・ユースケース5）を前提。 （小売電気事業者などが卸取引所での調達量を低減するために、自らDRを行う場合（類型 1②・ユースケース4）や、アグリゲーターからDRによる供給力を調達する場合（類型 1②・ユースケース1）は、買入札量を低下させるDRであり、厳密には、本試算の対象となるDRとは異なる。しかし、買入札カーブを左にシフトさせることと、本試算が対象としている売入札カーブの活用を右にシフトさせることと同様の効果が得られることが想定される。そのため、試算では、経済DR別の売入札別の活用比率などは想定せずに、分析などは考察を行う）
ケース設定	・（1）DR事業者が収益額最大ケース 　・上位1％：スポット価格が高い時間帯上位1％（88時間・175コマ）（にDRを実施する場合） 　・上位3％：スポット価格が高い時間帯上位3％（263時間・526コマ）（にDRを実施する場合） 　・上位5％：スポット価格が高い時間帯上位5％（876時間・1752コマ）（にDRを実施する場合） ・（2）社会的電源調達コスト低減最大化ケース 　・上位1％：DR実施前後でスポット価格低減幅が高い時間帯上位1％（88時間・175コマ）（にDRを実施する場合） 　・上位3％：DR実施前後でスポット価格低減幅が高い時間帯上位3％（263時間・526コマ）（にDRを実施する場合） 　・上位5％：DR実施前後でスポット価格低減幅が高い時間帯上位5％（876時間・1752コマ）（にDRを実施する場合） （※注：500MW、1000MW、5000MWごとに設定）

出所：野村総合研究所作成

2

DER導入・活用に関わる
制度・政策の現状・見通し

1章では、今後のDERの拡大見込みと、DER活用の重要性が高まっていくことを見てきた。一方で、導入・活用が萌芽期のDERも多く、こうしたDERの今後の導入・活用の進展は、制度・政策に依るところも大きい。そのため本章では、DERの導入・活用を直接的又は間接的に促進する制度・政策の概要について紹介し、それらのDER導入・活用の促進への貢献などについて述べたい。

　表2–1に、DERに関連する制度・政策を示す。DER関連の制度・政策は、DER導入の促進に資するもの（2.1節）と、DERの活用促進に資するもの（2.2節）に大きく分けられる。さらに前者は、導入目標の設定に関するものと、導入インセンティブの付与に関するもの、導入環境の整備に関するものに分けられ、後者は、活用インセンティブの付与に関するものと、活用環境の整備に関するもの、活用価値の顕在化に関するものに分けられる。ただ、複数の分類に該当する制度・政策も多々あることにご留意いただきたい。

　なお、本章で紹介する各制度・政策や、その改定などに向けた議論・論点の内容については、いずれも執筆時点（2022年10月現在）のものであることもご留意いただきたい。また、本章は、DERに関連する制度・政策を数多く示しており、その中身の解説に多くの紙面を割いている。そのため、まず表2–1をご確認いただき、必要に応じて、読者の皆様のご興味がある項目をご確認いただきたい。

2.1　DERの導入促進

　DERの導入促進に資する制度・政策は、導入目標の設定に関するもの（2.1.1項）と、導入インセンティブの付与に関するもの（2.1.2項）、導入環境の整備に関するもの（2.1.3項）に大きく分けられる。以下に、それぞれについて述べる。

2.1.1 導入目標の設定

　DER導入見込みの明確化に関する、いわばDER導入拡大の土台になるような制度・政策の代表例として、エネルギー基本計画が挙げられる。

エネルギー基本計画
制度・政策の概要

　エネルギー基本計画とは、3 E + S（エネルギーの安定供給、経済効率性の向上、環境への適合、安全性）を満たすようなエネルギー需給構造に関する政策について、基本方針を示したものである。エネルギー政策基本法では、このエネルギー基本計画を少なくとも3年ごとに検討を加え、必要があれば変更し、閣議決定を求めることが定められている。第1次エネルギー基本計画が2003年10月に閣議決定されたのち、第2次が2007年3月に、第3次が2010年6月に、第4次が2014年4月に、第5次が2018年7月に閣議決定された。そして2021年10月に第6次エネルギー基本計画が閣議決定され、今後は、この第6次エネルギー基本計画を基に、エネルギーに関する制度・政策が検討されていくこととなる。

　第6次エネルギー基本計画は、2つのテーマを軸に構成されている。[3]1つ目のテーマは、2050年カーボンニュートラルと、2030年度の温室効果ガスの46%削減（2013年度比）、さらに50%削減の高みを目指すことを実現するためのエネルギー政策の道筋を示すことである。そして2つ目のテーマは、日本のエネルギー需給構造が抱える課題の克服である。エネルギー基本計画では、これら2つのテーマを軸に「東京電力福島第一原子力発電所の事故後10年の歩み」と、「2050年カーボンニュートラル実現に向けた課題と対応」、「2050年を見据えた2030年に向けた政策対応」について記載されている。

　「東京電力福島第一原子力発電所の事故後10年の歩み」では、特定復興再生拠点区域（将来にわたって居住を制限するとされてきた帰還困難区域

表 2-1　DER 導入・活用に関わる制度・政策の概要

類型		制度・政策	関連する主なDER			
			DSR		系統直付設備	
			発電設備	負荷設備	発電設備	蓄電池
DERの導入促進	導入目標の設定	エネルギー基本計画	✓	✓	✓	✓
	導入インセンティブの付与	FIT / FIP	✓		✓	✓
		その他導入支援	✓		✓	✓
	導入環境の整備	既存系統の有効利用			✓	
DERの活用促進	活用インセンティブの付与	省エネ法	✓	✓		
		小売電気事業者のDRの促進プログラム	✓	✓		
	活用環境の整備	1需要場所複数引込み、複数需要場所1引込み	✓	✓		
		配電事業ライセンスなど	✓	✓	✓	✓
		指定区域供給制度	✓	✓	✓	✓
		自己託送	✓		✓	✓
		アグリゲーターライセンス	✓	✓	✓	✓
		特定計量制度	✓	✓		
		電力データ活用制度	✓	✓		
		系統用蓄電池の事業環境整備に資する施策				✓
		再生可能エネルギー併設蓄電池の事業環境整備に資する施策				✓
		上げDRによる基本料金増加の軽減措置	✓	✓		
	活用価値の顕在化	調整力公募	✓	✓	✓	✓
		容量市場	✓	✓	✓	✓
		需給調整市場	✓	✓	✓	✓
		卸電力市場	✓	✓	✓	✓
		追加供給力公募・追加電力量公募	✓	✓	✓	✓
		非化石価値取引市場・再生可能エネルギー価値取引市場	✓		✓	✓
		長期脱炭素電源オークション				✓
		ローカルフレキシビリティ	✓	✓	✓	✓

出所：野村総合研究所作成

概要
今後のエネルギー需給の政策に関する中長期的な基本方針
FITは、再生可能エネルギーで発電した電気を、電力会社が一定価格で一定期間買い取るように国が義務付けた制度。 FIPは、再生可能エネルギー発電事業者が卸市場などで売電したとき、その売電価格に対して一定のプレミアム（補助額）を上乗せする制度
太陽光発電の導入を促進する施策は、ZEHに対する補助や、オンサイトPPAに対する補助金など 蓄電池の導入を促進する施策は、導入見通し・目標価格の設定や、JET認証の拡充、系統連系手続きの改善など
日本版コネクト&マネージや再給電方式、ダイナミックレーティングの導入によって、基幹系統の空き容量の増加や、混雑している系統への接続許可、出力制御の低減などを実現する施策
工場などの設置者や輸送事業者・荷主に対して、省エネの取り組みを実施する際の目安となるべき判断基準を示すとともに、一定規模以上の事業者にはエネルギーの使用状況などを報告させ、取り組みが不十分な場合には指導・助言や合理化計画の作成指示などを行うことを規定した法律
小売電気事業者のDRの促進に寄与するインセンティブ
1需要場所複数引込みは、①災害による被害を防ぐための措置、②温室効果ガスなどの排出の抑制などのための措置、③電気工作物の設置及び運用の合理化のための措置に伴う設備を新たに施設する場合に、一定の条件の下で、1需要場所に複数の引き込みが可能となる制度 複数需要場所1引込みは、①災害による被害を防ぐための措置、②温室効果ガスなどの排出の抑制などのための措置に伴う設備の場合、一定の条件の下で、複数の需要場所に1つの引き込みが可能となる制度
配電事業は、特定の区域において、一般送配電事業者の送配電網を活用して、新たな事業者がAI・IoTなどの技術も活用しながら、自ら面的運用を行う事業であり、これを電気事業法に位置付けてライセンス化した制度
電力系統の一部区域を主要系統から切り離して独立系統化し、当該区域において一般送配電事業者が系統運用と小売供給を一体的に行う制度
需要家が保有する自家用発電設備によって発電した電気を、一般送配電事業者の送配電ネットワークを介して、別の場所にある需要家の工場などに送電する一般送配電事業者の送電サービス
特定卸供給は、電気の供給能力を有する者（発電事業者を除く）に対して、発電または放電を指示して集約した電気を、小売電気事業者や一般送配電事業者などに卸供給する事業であり、これを一定の条件で行う事業者を電気事業法に特定卸供給事業者として位置付けてライセンス化した制度
一定のルールの下、計量法に基づく型式承認又は検定を受けた計量器以外のパワコンやEV充電器など（特例計量器）を電力取引などに活用できる制度
災害など緊急時における電力データと平時の電力データについて、それぞれ一定のルールの下、電気事業者以外の事業者も含めて、電力データの活用が可能となる制度
系統用蓄電事業を電気事業法上発電事業として位置付ける施策や、系統用蓄電池の託送料金の在り方などの規定
FIT/FIP再生可能エネルギー併設蓄電池の系統電力からの充電の許可や、FIP移行認定案件の事後的な蓄電池設置条件の緩和などの施策
託送供給等約款に規定されている自家発電補給相当の対象である「需要家の発電設備の検査、補修、事故」に「再生可能エネルギー出力制御時」を加え、再生可能エネルギー出力制御時において自家発補給相当分を利用した場合でも基本料金を半額とする制度
一般送配電事業者が電力供給区域の周波数制御、需給バランス調整を行う際に必要となる調整力を調達するための公募
中長期的な供給力（kW）を系統運用者によるオークションによって確保する仕組み
エリアを越えて広域的に調整力を調達・運用する仕組み
電力量（kWh）の卸取引を行う仕組み
夏季や冬季に安定供給に必要な予備率を確保できない可能性がある場合、追加で供給力と電力量を調達するための公募
再生可能エネルギーや原子力のような非化石発電の電力による非化石価値を証書化し、取引する仕組み
新設の脱炭素電源の新規投資を促し、長期間の供給力を確保する仕組み
DERによるフレキシビリティを活用することで、配電レベルでの系統混雑の解消などを行い、再生可能エネルギー導入を促進する仕組み

内ではあるが、避難指示を解除して居住可能となった区域）の避難指示解除に向けた環境整備を進めることや、特定復興再生拠点区域外についても、2020年代をかけて、帰還意向のある住民が帰還できるよう、避難指示解除の取り組みを進めていくことが示されている。また、「2050年カーボンニュートラル実現に向けた課題と対応」では、電力部門における再生可能エネルギーや原子力、水素・アンモニア発電、CCUS（二酸化炭素回収・有効利用・貯留）/カーボンリサイクルによる炭素貯蔵・再利用を前提とした火力発電などによる脱炭素化と、非電力部門における脱炭素化された電力による電化と水素や合成メタン、合成燃料の活用などによる脱炭素化が示されている。最後に「2050年を見据えた2030年に向けた政策対応」では、需要サイドや供給サイドの各種取り組みの方針が示されている。具体的には、需要サイドの取り組み方針として、徹底した省エネのさらなる追及と、需要サイドにおけるエネルギー転換を後押しするための省エネ法改正を視野に入れた制度的対応の検討、蓄電池などの分散型エネルギーリソースの有効活用など二次エネルギー構造の高度化が示されている。また、供給サイドの取り組み方針として、再生可能エネルギーの主力電源化の徹底や、火力の安定供給を前提とした電源構成比率のできる限りの引き下げなどが示されている。

　また、エネルギー基本計画の見直しと同時に、2030年度におけるエネルギー需給の見通し（エネルギーミックス）も見直された。[4] 主な見直し点として、2030年度の省エネ目標が従来から2割増になった点や、再生可能エネルギーの2030年度の発電比率が現在の導入割合から倍増した点、安定供給を大前提に火力の電源構成比率ができる限り引き下げられた点、2030年度の電源構成の1%を水素・アンモニア発電で賄う目標が新設された点などがある。

DER 導入・活用の促進への貢献

　前述のとおり、エネルギー基本計画では、供給側としては再生可能エ

ネルギーの主力電源化に伴う再生可能エネルギーの導入拡大などの方向
性が、需要側としては、徹底した省エネの追求に伴うDSRの導入拡大や、
DSRの有効活用の促進などの方向性が示されている。また、1.1節で確認
したように、エネルギー需給の見通しにおいては、各DERの普及・拡大
見通しも定量的に示されている。このように、今後の制度・政策の基本方
針であるエネルギー基本計画がDERの導入・活用の拡大方針を掲げたこ
とで、DERの導入・活用の促進に向けた環境整備がさらに進んでいくとい
える。

2.1.2 導入インセンティブの付与

　導入インセンティブの付与に関する制度・政策の代表例としては、FIT
/ FIP、その他導入支援が挙げられる。

FIT / FIP
制度・政策の概要

　FIT（Feed in Tariff：再生可能エネルギーの固定価格買取制度）は、再生
可能エネルギーで発電した電気を、電力会社が一定価格で一定期間買い取
るように国が義務付けた制度のことであり、2012年7月に開始された。こ
のうち、電力会社が買い取る費用の一部は、国民から賦課金として徴収し
ている。FIT制度により、建設・運用コストが高い再生可能エネルギーで
も回収の見通しが立ちやすくなり、再生可能エネルギーの導入拡大に大
きく貢献することとなった。実際、図2-1に示すように、水力を除く再生
可能エネルギーの全体の発電量に占める割合は、FIT制度の創設以降、3％
（2012年度）から12％（2020年度）に大幅に増加した。
　一方で、FIT制度創設以降、国民負担の増大や太陽光発電への偏重など
の問題が指摘されている。図2-2のとおり、FITの買取金額は、0.2兆円
（2012年度）から3.7兆円（2021年度）まで大きく増加した。このFITの買

図 2-1　電源構成（発電量）の推移

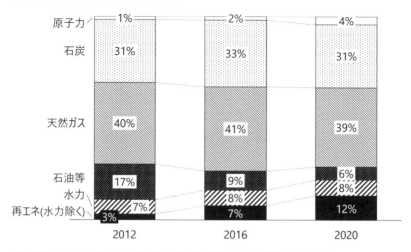

出所：資源エネルギー庁「総合エネルギー統計　時系列表」2022 年 4 月より野村総合研究所作成

図 2-2　FIT 買取金額の推移

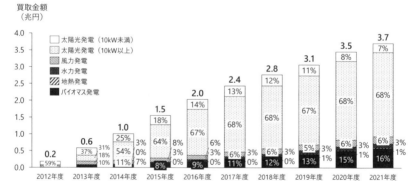

出所：資源エネルギー庁「再生可能エネルギー電気の利用の促進に関する特別措置法　情報公表用ウェブサイト」より野村総合研究所作成

取金額の一部は、再生可能エネルギー賦課金という形で国民が負担することとなっており、賦課金単価も0.22円/kWh（2012年度）から3.36円/kWh（2021年度）まで大きく増加している。また、FIT買取金額のうち、太陽光の買取金額が約75％を占めており、太陽光発電に偏重していることがわかる。

こうした状況を踏まえて、2016年に、「再生可能エネルギーの最大限の導入と国民負担の両立」を掲げたFIT法（電気事業者による再生可能エネルギー電気の調達に関する特別措置法）の改正（2017年4月施行）が行われた。ここでは、入札制度の導入や中長期価格目標の設定により、国民負担の軽減を目指すとともに、FIT認定を受けたあと、一定期間が過ぎても発電を始めない事業者の買取期間を短縮するルールや、事業計画認定制度を創設することで、新たな未稼働案件の防止や適切な事業規律の整備が目指された。

また、FIT法改正以降も、国民負担を抑制しつつ、再生可能エネルギーを最大限導入していくための方策の議論が、さまざまな審議会・研究会で行われた。なかでも、FIT法において、FIT制度は再生可能エネルギー導入初期における普及拡大を支援する時限的な特別措置とされていたこと及び2020年度末までに抜本的な見直しを行う旨が規定されていたことを受けて、2019年9月以降、総合資源エネルギー調査会基本政策分科会再生可能エネルギー主力電源化制度改革小委員会において、FIT制度の抜本見直しの検討が進められた。[17] そして、2020年2月に行われた中間取りまとめを踏まえて、2020年6月に再生可能エネルギー特別措置法改正法を含む「強靱かつ持続可能な電気供給体制の確立を図るための電気事業法等の一部を改正する法律（エネルギー供給強靱化法）」が成立した。これにより、市場連動型のFIP（Feed in Premium）制度の創設や、系統増強費用への賦課金投入、太陽光発電設備の廃棄などの費用の積立てを担保する制度の創設、長期未稼働案件に対する失効制度などの抜本見直しが措置され、2022年4月から施行された。

市場連動型のFIP制度は、再生可能エネルギーの導入が進む欧州などで既に取り入れられている制度で、FIT制度のように発電された電気を固定価格で買い取るのではなく、再生可能エネルギー発電事業者が卸市場などで売電したときに、その売電価格に対して一定のプレミアム（補助額）を上乗せするというものである。このプレミアムは、基準価格と参照価格の差で決められる。基準価格については、FIT制度と同様に、再生可能エネルギー電気が効率的に供給される場合に必要な費用の見込み額をベースに、さまざまな事情を考慮して設定されている。なお、FIP制度の開始当初は、この基準価格をFIT制度の調達価格と同じ水準にすることとなっている。また、参照価格は、市場取引などによって発電事業者が期待できる収入分のことであり、参照価格＝①「卸電力市場」の価格に連動して算定された価格 ＋ ②「非化石価値取引市場」の価格に連動して算定された価格 － ③バランシングコストという計算式で算定される。この参照価格は、1カ月単位で見直されることから、基準価格と参照価格の差であるプレミアムも同じように1カ月ごとに更新されることとなる。

DER導入・活用の促進への貢献

　FIT・FIP制度により、建設・運用コストが高い再生可能エネルギーでも回収の見通しが立ちやすくなるため、DERの導入を促進する効果が期待される。

　特にFIP制度については、再生可能エネルギーの自立化へのステップとして、投資インセンティブを確保しながら、電力市場への統合を図る制度のため、DERの活用も促進される。例えば、FIP制度においては、再生可能エネルギー発電事業者の収入は市場への売電収入＋プレミアムであることから、蓄電池を活用して、市場価格の安い時間帯に発電された電力を充電し、市場価格が高い時間帯に放電・売電することで、収益性を高めるケースが想定される。また、アグリゲーター（詳細は2.2.2項を参照）が、さまざまなFIPの再生可能エネルギー電源を束ねて、インバランスリ

スクを軽減するケースも想定される。これは、FIP制度では再生可能エネルギー発電事業者に正確な発電量予測に基づく計画値同時同量の責務が課され、計画と実績に差が生じた場合はインバランス料金を支払うリスクが生じることとなるが、より多数かつ多様な再生可能エネルギーを束ねて発電バランシンググループを組むことで、バランシンググループ全体としては、より正確な発電量予測が可能になり得るためである。なお、こうした多数・多様な再生可能エネルギーを束ねることは再生可能エネルギーアグリゲーションと称され、令和3（2021）年度・同4（2022）年度に経済産業省が、その効果などに関する実証を行っている（執行団体：環境共創イニシアチブ[18]）。

DER導入・活用に関わる直近の動き

　2022年度からの電源別規模別FITとFIPの適用範囲は、表2−2のとおりである。太陽光発電の場合は、1000kW以上はFIP（入札）が適用され、50 〜 1000kWは、FITかFIPか選択できるようになっている。一方で、10 〜 50kWは、FITが適用されるが、後述する地域活用要件が設定されている。また風力の場合は、50kW以上においてはFIP（入札対象外）を選択可能である。

　FIT制度においては、認定における条件として、2020年度から地域活用要件が定められた。再生可能エネルギー大量導入・次世代電力ネットワーク小委員会では、FIT制度の抜本見直しを行うにあたり、再生可能エネルギーそれぞれの電源ごとにコスト低減の状況や地域貢献の程度などの特性を有することに留意して、再生可能エネルギーを競争電源と地域活用電源に区分し、各電源ごとの特性に応じた制度的アプローチを具体的に検討する方針が示された[7]。ここで、競争電源とは、技術革新などによって発電コストが着実に低減している電源や、発電コストが低廉な電源として活用し得る電源（例：大規模事業用太陽光発電、風力発電）を指す。一方で、地域活用電源とは、需要地に近接して柔軟に設置できる電源（例：住宅用

太陽光発電、小規模事業用太陽光発電）や、地域に賦存するエネルギー資源を活用できる電源（例：小規模地熱発電、小水力発電、バイオマス発電）を指す。そして、競争電源をFIPの対象とする一方で、地域活用電源をFITの対象とすることとした。これはすなわち電源の立地制約などの特性に応じて、FIT認定の要件として、自家消費や地域一体的な活用を促す地域活用要件が設定されたということである。

　この地域活用要件によって、低圧太陽光（10 〜 50kW）は、2020年4月から自家消費型にFITが適用されることとなり、従来認められていた全量買取が認められなくなった。具体的には、再生可能エネルギー発電設備の設置場所で少なくとも30%の自家消費などを実施することと、災害時に自立運転を行い、給電用コンセントを一般の用に供することが認定要件となった。この地域活用要件の影響は大きく、10 〜 50kWの太陽光の申請件数は、2020年度に地域活用要件が設けられて以降、大幅に減少している。一方で、10kW未満（地上設置）の申請が急増しており、その中には、地域活用要件を逃れるため設備を意図的に10kW未満に分割し、10kW未満の複数設備（地上設置）で認定を取得している疑いのある案件がある。この対応策は、調達価格等算定委員会で議論されており、これまで地上設置の場合は設置場所の土地登記簿謄本のみの提出を求めていたが、実際に電気を消費する建物を確認するため、建物登記などの提出も求める方針が検討されている。[19]

　なお、農地一時転用許可期間が10年間となり得る営農型太陽光は、自家消費などを行わないものであっても、災害時活用を条件にFIT制度の対象となる。

　また、表2-2のとおり、2022年度のFIP制度の対象区分は、移行・新規ともに50kW以上（高圧・特別高圧）が認められている。この理由は、多様な取引結果が増えることで電源側に混乱が生じないようにするためである。一方で、第44回再生可能エネルギー大量導入・次世代電力ネットワーク小委員会（2022年8月17日）では、低圧（10 〜 50kW）太陽光発電に

表 2-2　2022 年度の FIT/FIP・入札の対象

電源	10kW未満	10kW以上	50kW以上	250kW以上	1,000kW以上	10,000kW以上
太陽光	FIT (住宅用)	FIT (地域活用要件あり)	FIT (入札対象外) / FIP (入札対象外)	FIT (入札) ※選択可能 / FIP (入札対象外) ※選択可能	FIP (入札)	FIP (入札)
風力		FIT(入札対象外)			FIT (入札) ※選択可能 / FIP (入札対象外) ※選択可能	FIP(入札対象外)
地熱		FIT (地域活用要件あり) / FIP (入札対象外) ※選択可能				FIP(入札対象外)
中小水力		FIT (地域活用要件あり) / FIP (入札対象外) ※選択可能				FIP(入札対象外)
バイオマス (一般木質など)		FIT (地域活用要件あり) / FIP (入札対象外) ※選択可能		FIP (入札対象外) ※選択可能		FIP (入札)
バイオマス (液体燃料)				FIP (入札)		
バイオマス (その他)		FIT (地域活用要件あり) / FIP (入札対象外) ※選択可能				FIP(入札対象外) ※選択可能

出所：資源エネルギー庁「なっとく！再生可能エネルギーウェブサイト」（2022 年 9 月 4 日時点）より野村総合研究所作成

ついても、FIT制度（地域活用要件あり）に加えて、FIP制度を選択可能とする方向で議論を行うことが提案された。[7]

その他導入支援
制度・政策の概要

　第6次エネルギー基本計画で策定した2030年度の導入目標を達成するためには、各種の再生可能エネルギー導入の加速が必要となる。実際に、第40回再生可能エネルギー大量導入・次世代電力ネットワーク小委員会（2022年4月7日）では、太陽光発電について、2021年度FIT認定量の速報値が約2.4GWである一方で、2030年度の導入目標を達成するためには、3年程度の開発リードタイムを考慮すると、今後は、年間4～6GW程度の認定が必要と試算されている。[7]

　ここで、屋根置き太陽光発電については、表2–3のとおり、FIT/FIP以外にも、ZEH（Zero Emission House）に対する補助や、オンサイトPPA（Power Purchase Agreement）に対する補助などによって、導入が促進されている。また、表2–4のとおり、エネルギー基本計画で掲げられた太陽光発電の導入拡大に向けた取り組みも着実に進められている。

　一方で、蓄電池については、2020年度に定置用蓄電システム普及拡大検討会が開催され、事業環境や市場の現状を把握し、課題と施策の網羅的な整理が行われた。[6]具体的には、課題として製造費や流通費、工事費の低減、活用機会の拡大に向けた対応などが示された。そして、その施策として、導入見通し・目標価格の設定や、JET認証（電気安全環境研究所による認証）の拡充、系統連系手続きの改善などが示された。さらに、後述する系統用の蓄電池活用に向けた課題と対策として、表2–5のとおり、蓄電事業の位置付けの明確化なども示されている。

表2-3　屋根置きPVへの導入補助制度

補助制度	概要	補助内容
FIT制度での屋根設置案件に対する特例（経済産業省）	FIT制度での屋根設置案件に対して特例を設定	・既築の建物への屋根設置の場合には、FIT入札を免除 ・集合住宅の屋根設置（10〜20kW）については、配線図などから自家消費が確認できれば、30%以上の自家消費を実施しているものとみなす
ZEHに対する支援（経済産業省・国土交通省・環境省）	3省連携により、太陽光発電設備などを設置したZEHの導入費用を補助	・令和3年度補正予算30億円の内数及び令和4年度当初予算390.9億円の内数
オンサイトPPA補助金（環境省・経済産業省連携事業）	工場の屋根などに太陽光パネルを設置して自家消費する場合など、設備導入費用を補助	・補助額：太陽光パネル4万〜5万円/kW
住宅ローン減税（国土交通省・環境省）	太陽光発電設備などを導入した認定低炭素住宅の新築などに対して、借入限度額の上乗せ措置を適用	・控除率：0.7% ・控除期間：13年など ・借入限度額：5000万円 ※ 現行省エネ基準に適合しない住宅の場合：3000万円
省エネリフォーム税制（国土交通省・経済産業省）	自己居住用の住宅の省エネ改修を行った場合の所得税の税額控除について、太陽光発電設備を設置した場合、通常よりも控除額を上乗せ	・最大10万円の控除額を上乗せ

出所：資源エネルギー庁「再生可能エネルギー大量導入・次世代電力ネットワーク小委員会（第40回）資料1」2022年4月より野村総合研究所作成

表2-4 太陽光発電の導入拡大に向けた取り組みと進捗状況

担当省庁	エネルギー基本計画で掲げた施策	具体的な進捗状況	導入見込み量 GW
環境	公共部門の率先実行	・政府実行計画において、設置可能な建築物などの約50%以上に太陽光発電設備導入を目指す旨を明記 ・全国の都道府県・市町村に向け、政府実行計画策定や導入支援を実施。今後、環境省の調査により導入状況などをフォローアップ	6
環境	地域共生型太陽光発電の導入	・改正地球温暖化対策法によるポジティブゾーニングなどを通じた導入を支援 ・地域特性に合わせた導入支援に向けた取り組みを推進	4.1
国土交通	空港の再生可能エネルギー拠点化	・「空港分野におけるCO2排出削減に関する検討会」を開始し、再生可能エネルギー導入を含む、空港脱炭素化のための調査を進めるため、重点調査空港として21空港（うち10空港の太陽光設備の導入を検討） ・令和4年3月、空港の脱炭素化を進めるための取り組みに関するガイドラインを策定	2.3
環境	民間企業による自家消費促進	・自家消費型の太陽光発電の導入促進に向け、令和3年度補正予算（113.5億円の内数）及び令和4年度当初予算（38億円の内数）において、オンサイトPPAなどによる導入を支援	10
経済産業／国土交通／環境	新築住宅への施策強化	・2030年において新築戸建住宅の6割に太陽光発電設備が設置されることを目指すとの目標を掲げ、FIT制度やオンサイトPPAによる導入を支援、認定低炭素住宅に対する住宅ローン減税におけるZEHについては、3省で連携し、令和3年度補正予算30億円の内数及び令和4年度当初予算390.9億円の内数により支援	3.5
環境／農林水産	地域共生型再生可能エネルギーの導入促進	・改正地球温暖化対策法によるポジティブゾーニングなど及び農山漁村再エネ法との連携を通じた導入を促進	4.1

出所：資源エネルギー庁「再生可能エネルギー大量導入・次世代電力ネットワーク小委員会（第40回）資料1」2022年4月より野村総合研究所作成

表 2-5 定置用蓄電システムの普及拡大に向けた課題の対応策

	対応策	内容
1	システム価格低減策	製造費の低減に向けた対応策	1. 市場規模の拡大のため、実証などを通じた蓄電システムを活用した新たな事業創造、市場などの要件整理、製造設備に対する増強支援・税制優遇 2. 投資予見可能性を高めるため、導入見通しの設定 3. 車載用リユースバッテリーの定置転用を促進するため、リユース蓄電池の評価方法の開発
2		流通費低減に向けた対応策	1. 販売時の負担低減のため、JET認証の拡大や系統連系手続きの改善、実証などを通じた蓄電システムを活用したTPO事業の推進、ZEHなどハウスメーカーとの連携による流通費の低減 2. 蓄電システムの理解促進を図り、ユーザーが主導的に購入を検討できるため、普及広報の実施
3		工事費の低減に向けた対応策	1. 工事費の低減を促進するため、工事費を含む目標価格の設定、工事費の低減に向けた業界団体における検討の推進
4	価値の最大化対策	製品の性能特性の評価するための対応策	1. 定置用蓄電システムの性能の見える化を促進するため、劣化後の安全性などの性能指標や性能ラベルのJIS化、高い安全性の評価方法のJIS化
5		活用機会の拡大に向けた対応策	1. 市場規模の拡大のため、実証などを通じた蓄電システムを活用した新たな事業創造、市場などの要件整理 2. 系統値付け蓄電システムを活用した事業を実施するため、法的位置付けの整理などの課題対応

出所：資源エネルギー庁「再生可能エネルギー大量導入・次世代電力ネットワーク小委員会（第24回）資料2」2021年3月より野村総合研究所作成

2.1.3 導入環境の整備

　導入環境の整備に関する制度・政策の代表例として、既存系統の有効利用のための制度・政策が挙げられる。

既存系統の有効利用
制度・政策の概要

　2030年再生可能エネルギー目標の達成や、2050年カーボンニュートラルの実現に向けて、再生可能エネルギーを大量導入するにあたり、その再生可能エネルギーの大量導入を支えるための電力ネットワークの次世代化が必要とされている。具体的な検討は、再生可能エネルギー大量導入・次世代電力ネットワーク小委員会で行われており、その検討課題のひとつに既存系統の有効利用がある。[7]

　既存系統の有効利用の具体的な施策としては、日本版コネクト＆マネージの導入や再給電方式の導入、ダイナミックレーティングの検討などが挙げられる。

　1.2.1項でも触れたように、日本版コネクト＆マネージは、最大潮流想定の精度を向上させる「想定潮流の合理化」と、従来の運用容量を超えた接続を可能とする「N-1電制」、系統の空き容量がより利用しやすくなる「ノンファーム型接続」から構成される。「想定潮流の合理化」は、全電源フル稼働を想定していた従来の運用を、実態に近い想定（再生可能エネルギーは最大実績値）で運用するように見直すもので、2018年4月から実施され、約590万kWの空き容量拡大が確認されている。「N-1電制」は、緊急時用に容量を確保するため、設備容量の半分程度で運用されていたものを、事故時に瞬時遮断する装置の設置により、緊急時用の枠を活用するというものである。2018年10月から一部実施されており、約4040万kWの接続可能容量が確認され、2021年11月時点で全国で約650万kWが接続されている。「ノンファーム型接続」は、空き容量がなく接続ができない

基幹系統において、一定の条件（系統混雑時の制御）による新規接続を許容するというものである。2021年1月より全国で受付が開始され、2021年11月時点で、ノンファーム型接続による2700万kW超の接続検討と、300万kW超の契約申込みが行われた。

　再給電方式は、基幹系統の混雑管理をメリットオーダーに従い出力制御する方式である。前述のとおり、現在の基幹系統の混雑管理はノンファーム電源を一律で出力制御する方式が採用されている。このノンファーム型接続適用電源には再生可能エネルギーが多く含まれることが想定され、再生可能エネルギーの価値を活用しきれない可能性があることから、再給電方式が検討されている。2022年10月からメリットオーダーに従って調整電源を出力制御する再給電方式（調整電源の活用）の導入が予定されており、2023年12月末までに、調整電源以外の電源も含め一定の順序により出力制御し、混雑を解消する再給電方式（一定の順序）の導入が予定されている（いずれも2022年10月、執筆時点）。

　ダイナミックレーティングとは、気象条件などにより送電線などの容量を動的に扱う手法である。送電線の運用容量は、主にローカル系統以下における熱容量によって決まるため、ダイナミックレーティングを適用し、熱容量に応じて運用容量を管理することで、トータルの運用容量を拡大できる可能性がある。ダイナミックレーティングは、ノンファーム型接続による電源に対する出力制御の低減に繋がり得る施策として、再生可能エネルギー大量導入・次世代電力ネットワーク小委員会で紹介された。

DER導入・活用の促進への貢献

　既存系統の有効利用により、再生可能エネルギー電源を中心としたDERの導入が促進されると考えられる。従来は、混雑が発生している基幹系統には新規電源は系統増強により混雑が解消されるまで再生可能エネルギー電源を接続できなかった。これを、想定潮流の合理化やダイナミックレーティングにより、基幹系統の空き容量が増加され、接続可能量が増

加した。また、N-1電制やノンファーム型接続により、系統混雑発生時は出力制御されるという条件で、接続することが可能となった。さらに、再給電方式により、今後は、先着のファーム型接続された電源も含めてメリットオーダーで評価されることとなり、系統混雑発生時も出力制御を回避できる可能性が高まる。このように、既存系統の有効利用により、再生可能エネルギー電源を中心としたDERの導入が促進されるといえる。

2.2 DERの活用促進

　DERの活用促進に資する制度・政策は、活用インセンティブの付与に関するもの（2.2.1項）、活用環境の整備に関するもの（2.2.2項）及び活用価値の顕在化に関するもの（2.2.3項）に分けられる。以下において、それぞれについて述べる。

2.2.1 活用インセンティブの付与

　活用インセンティブの付与に関する制度・政策の代表例として、省エネ法と小売電気事業者のDRの促進プログラムが挙げられる。

省エネ法
制度・政策の概要
　省エネ法（エネルギーの使用の合理化等に関する法律）は、工場などの設置者や輸送事業者・荷主に対して、省エネの取り組みを実施する際の目安となるべき判断基準を示すとともに、一定規模以上の事業者には、エネルギーの使用状況などを報告させ、取り組みが不十分な場合には、指導・助言や合理化計画の作成指示などを行うことを規定した法律である。
　ここで、一定規模以上の事業者とは、工場・事業場についてはエネルギー使用量1500kl/年以上の特定事業者など、運輸については保有車両トラ

ック200台以上などの特定貨物／旅客輸送事業者や、年間輸送量3000万トンキロ以上の特定荷主が該当する。国は、一定規模以上の事業者からの定期報告に基づき取り組み状況を評価する。この評価の際の判断基準は、経済産業省が事前に告示しているため、省エネ法対象となる事業者は、この判断基準に基づいてエネルギーの使用の合理化に努めることとなる。そして、判断基準に基づいて取り組みが著しく不十分な場合は、国による指導や立入検査、合理化計画作成指示、公表、命令、罰金などが課されることとなる。

　省エネ法は、1979年の制定以降、度々改正が行われてきている。直近でも、2050年カーボンニュートラルに向けて徹底した省エネを進めるとともに、非化石電気や水素などの非化石エネルギーの導入拡大に向けた対策を強化していくことが必要とし、総合資源エネルギー調査会省エネルギー・新エネルギー分科会省エネルギー小委員会において、新たな改正内容について議論が行われてきた。[20]その結果、①エネルギーの定義の見直しと、②非化石エネルギーへの転換に関する措置、③電気需要平準化規定の見直しが方向性として示された。①は、従来、省エネ法上の「エネルギー」の定義に該当しなかった太陽光由来の電気や、バイオマス、水素・アンモニアといった非化石エネルギーを、省エネ法上のエネルギーに含めるというものである。②は、工場などで使用するエネルギーについて、化石エネルギーから非化石エネルギーへの転換（非化石エネルギーの使用割合の向上）を求めることや、一定規模以上の事業者に対して、非化石エネルギーへの転換に関する中長期的な計画の作成などを求めるというものである。③は、再生可能エネルギー出力制御時への電気需要のシフト（上げDR）や、需給ひっ迫時の需要減少（下げDR）を促すため、現行の「電気の需要の平準化」を「電気の需要の最適化」に見直すというものである。具体的には、電気を使用する事業者に対する指針の整備などを行うことや、電気事業者に対し、電気の需要の最適化に資するための措置に関する計画（電気の需要の最適化に資する取り組みを促すための電気料金の整備等に関する計画）の

作成などを求めることが挙げられる。前述の方針が盛り込まれた「安定的なエネルギー需給構造の確立を図るためのエネルギーの使用の合理化等に関する法律等の一部を改正する法律案」は、2022年3月1日に閣議決定され、2022年5月13日に参議院本会議で可決、成立した。そして、2023年度に施行される予定（2022年10月、執筆当時）である。

DER 導入・活用の促進への貢献

　まず、①エネルギーの定義の見直しと、②非化石エネルギーへの転換に関する措置によって、再生可能エネルギーなどのDERの導入・活用が促進されると考えられる。なお、省エネルギー小委員会では、改正省エネ法における非化石エネルギーへの転換の枠組みにおいても、自家発電再生可能エネルギー設備の設置など、需要家自らが行う非化石電源投資を評価することを原則とする方向性が示されている。[20]そして、この際、オンサイトPPAやオフサイトPPA契約などによる非化石電気の調達についても、需要家の行動や、電源と需要地との位置関係において、自家発電再生可能エネルギー設備の設置などと同視し得るとし、同様に評価する方針が示されている。

　また、③電気需要平準化規定の見直しによって、DR/VPPといったDERの活用が促進されると考えられる。具体的には、③は上げDRや下げDRを促進するために、供給サイドの変動に応じて電気換算係数を変動させる方針が示されている。電気換算係数について、再生可能エネルギー出力制御時には再生可能エネルギー係数を使用し、それ以外の時間帯については火力平均係数を基本とし、需給ひっ迫時には火力平均係数に重み付けした係数を使用することが提案されている（いずれも2022年10月、執筆当時）。これにより、需要家にとっては、省エネ法遵守のために、再生可能エネルギー出力制御時に上げDRを行い、需給ひっ迫時には下げDRを行うインセンティブが生じ得るといえる。

小売電気事業者のDRの促進プログラム

制度・政策の概要

　足元の需給ひっ迫や電力市場価格の高騰を受けてDR/VPPの重要性が高まっている。総合資源エネルギー調査会電力・ガス事業分科会電力・ガス基本政策小委員会では、需給ひっ迫時のさまざまな対策の効果・課題の検証が行われており、小売電気事業者によるDRの取り組みも紹介されている。[21] 例えば、エネットでは、2022年3月の東日本における電力需給ひっ迫時には自社ウェブサイトを通じて全需要家に対して節電依頼を行うとともに、EnneSmart®を契約している顧客（約6200施設）に対して、同月21日（午後）に同月22日9〜20時の節電要請を、同月22日（午後）に同月23日9〜20時の節電要請を行い、当該時間帯において2日合わせて約167万kWhの節電が行われたと紹介されている。同じくSBパワーでも、同月22日の需給ひっ迫時には、東京エリアにおいては10〜23時の間、東北エリアにおいては14〜21時の間、節電を促した結果、節電参加者は非参加者と比べ約10%の節電を行ったことが紹介されている。

　この小売電気事業者のDRの促進は小売電気事業者に加えて、需要家にも、社会全体にも意義があると考えられる。具体的には、小売電気事業者にとっては市場価格高騰による電源調達コストの上昇を避ける手段のひとつとなることや、需要家との関係強化の手段のひとつとなること、需要家にとっては、電気料金高騰時の電気料金の引き下げが可能になること、社会全体にとっては、電力需給ひっ迫時の発電効率の低い火力電源等の稼働を抑えることで、日本全体での燃料消費量の低減やCO2（二酸化炭素）の排出削減に繋がり得ることなどが考えられる。

　こうした意義を踏まえて、小売電気事業者のDRは促進されるべきであるとして、DR促進に向けた施策が電力・ガス基本政策小委員会において検討されている。[21] 基本政策小委員会では、小売電気事業者のDRの促進は節電プログラムへの登録率増×参加率増×節電量増の3つの要素から成るとし、3つの要素それぞれについて一体的に対策を行うことが効果的とい

う方針が示された。具体的には、登録率増については節電アプリのダウンロードやメール登録を通じて節電プログラムに登録する需要家の裾野を拡大するためのインセンティブを広く付与すること、参加率増については、節電参加を習慣化させるため、需要家がメリットを感じるインセンティブを継続的に付与すること、節電量増については、節電量を最大化するため、需給ひっ迫局面における節電行動に付与するインセンティブを増額することが対策の方向性となるとされている。

DER 活用の促進への貢献・直近の動き

執筆時点（2022年10月現在）の情報では、節電プログラムへの登録率増に向けて、2022年度の冬の節電に協力するプログラムに申し込む家庭需要家には2000円相当、企業には20万円相当のポイントなどを付与する。さらに、節電プログラムでの節電量増に向けて、電力不足が懸念される場合などに節電に協力して5%節電することで、家庭需要家に2000円相当のポイントなどを付与することも検討されている。DR/VPPは、協力する需要家があって初めて成立する事業である一方で、DR/VPPの認知度自体が高くない現状を踏まえると、こうした節電プログラム促進の施策が、DR/VPP（DERの活用）の促進に大きく貢献するものと考えられる。

2.2.2 活用環境の整備

DER活用環境の整備に関する制度・政策の代表例としては、1需要場所複数引込み・複数需要場所1引込み、配電事業ライセンス、指定区域供給制度、自己託送、アグリゲーターライセンス、特定計量制度、電力データ活用制度、系統用蓄電池の事業環境整備に資する施策、再生可能エネルギー併設蓄電池の事業環境整備に資する施策及び上げDRによる基本料金増加の軽減措置が挙げられる。

1需要場所複数引込み、複数需要場所1引込み

制度・政策の概要

　従来の託送制度における需要場所、引込数、契約単位などの考え方は「1需要場所、1引込み、1契約」が原則とされていた。EVの急速充電器やFIT設備については、省令において1需要場所の例外として位置付けられていたものの、基本的には需要家の電源や蓄電池などの分散型リソースの導入・活用を念頭に置いたものではなかった。一方で、需要家の需要場所内に設置される分散型リソースなどの普及により、さまざまな系統接続ニーズが出現してきたことを踏まえて、総合資源エネルギー調査会電力・ガス事業分科会電力・ガス基本政策小委員会において、需要場所や引込み・契約単位の見直しが行われた。[21]その結果、2021年4月に施行された令和3（2021）年・経済産業省令第11号による電気事業法施行規則の一部改正により、①災害による被害を防ぐための措置、②温室効果ガスなどの排出の抑制などのための措置及び③電気工作物の設置及び運用の合理化のための措置に伴う設備を新たに施設する場合には、「1需要場所・複数引込み」が一定の条件の下で可能となった。また、④災害による被害を防ぐための措置、⑤温室効果ガスなどの排出の抑制などのための措置に伴う設備にあっては、構外にわたる電線路により、一方の需要場所で受電した電力を他方の需要場所へ融通する、「複数需要場所・1引込み」が一定の条件の下で可能となった。

DER導入・活用の促進への貢献

　1需要場所複数引込みや複数需要場所1引込みが可能となったことで、DERの導入・活用が促進されると考えられる。例えば、複合施設やマンションなどにおいて、これらの事業主体と異なる別の事業者（充電スタンド会社など）が普通充電器を設置するニーズがあるが、従来の託送制度では、複合施設やマンションなどの1需要場所において複数の引き込みは認められていなかった（EVの急速充電器を除く）。しかし、1需要場所複数引

込みが認められることで、普通充電器の設置が容易になり、EV・PHV普及に繋がるとともに、EV・PHVの車載電池を使用したDR/VPPの促進も期待される。

配電事業ライセンスなど
制度・政策の概要

　地域の分散型電源の活用を進めていく観点や、自然災害に対するレジリエンス（耐性）を高める観点から、地域に存在する分散型電源を活用した分散型グリッドの構築の重要性が増している。実際に、2020年の台風15号で被災した千葉県睦沢町では、新たな宅地造成に際して都市開発事業者が自営線を敷設し、再生可能エネルギーとコージェネレーションを組み合わせたエネルギーシステムを構築していたことにより、早期に電力を復旧することができた。

　こうした背景から、特定の区域において、一般送配電事業者の送配電網を活用して、新たな事業者がAI（人工知能）・IoT（モノのインターネット）などの技術も活用しながら、自ら面的運用を行う配電事業の創設に関する議論が、総合資源エネルギー調査会基本政策分科会持続可能な電力システム構築小委員会において行われた。[22] 持続可能な電力システム構築小委員会では、配電事業者が果たすことが期待される役割・効果や配電事業への参入パターン、配電事業者に課される法的義務、事業の基本形のイメージなどが議論され、中間取りまとめが公表された。そして、中間取りまとめの内容を基に2020年6月の「強靭かつ持続可能な電気供給体制の確立を図るための電気事業法等の一部を改正する法律」において、配電事業ライセンスが創設されることとなった。その後、配電事業ライセンス制度の開始に向けて、同じく持続可能な電力システム構築小委員会にて、配電事業制度の詳細設計が議論された。ここで整理された全体の業務フローや事前準備段階の各種基準などは、「分散型エネルギーシステムへの新規参入のための手引き」として整理されて事業者向けに公表され、2022年度から配電

事業ライセンス制度が開始された。[12]

　なお、配電事業のようにDERを活用して面的に運用する事業として、他にも特定送配電事業、特定供給、自己託送などがある。「分散型エネルギーシステムへの新規参入のための手引き」では、これらを「分散型エネルギーシステム」と称し、それぞれの事業の特徴や違いを説明している。[12]手引きでは、それぞれの事業類型の判断要因として、A）供給対象、B）密接な関係性の有無及びC）供給する場所があると整理されている。まず、A）供給対象について、特定の供給地点の需要家ではなく供給区域内の一般の（不特定多数の）需要を想定する場合は、配電事業が適しているとされている。次いで、B）密接な関係性（詳細後述：自己託送制度を参照）の有無について、密接な関係性を有しない場合は、特定送配電事業になるとされている。そして最後に、C）供給する場所について、電気の供給先が1箇所であれば、自己託送又は特定供給に該当し、2箇所以上に供給する場合は、特定供給に該当するものとされている。

図 2-3　分散型エネルギーシステムの事業化検討フロー

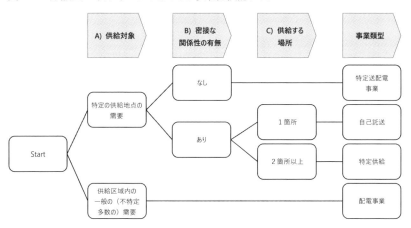

出所：資源エネルギー庁「分散型エネルギーシステムへの新規参入のための手引き」（2021年12月）より野村総合研究所作成

表2-6　配電事業・特定送配電事業・特定供給の比較

凡例：特に他の形態と異なる点

	配電事業	特定送配電事業	特定供給
定義	自らが維持・運用する配電用の電気工作物により、その供給区域において託送供給及び電力量調整供給を行う事業であって、省令で定める要件に該当するもの	自らが維持・運用による特定の供給地点において電気工作物又は他の小売電気事業者などに託送供給を行う事業	電気を供給する事業（電気事業、自家発電・自家消費型の電気の供給、小売電気事業などの用に供するための電気の供給以外）
要件	許可　供給区域	届出　供給地点	許可　供給の相手方・場所
主な基準	・経理的基礎・技術的能力 ・事業の計画が確実 ・電気工作物の能力が需要に応ずることができるものであること ・過剰投資とならないこと	・電気工作物を事業の用に供することにより、同地点をそのエリアに含む一般送配電事業者の需要家の利益を著しく阻害する恐れがないこと	・相手方と密接な関係を有すること ・相手方の需要に応ずる供給力を確保していること ・場所をそのエリアに含む一般配電事業者の需要家の需要を阻害する恐れがないこと
供給対象	一般の（＝不特定多数の）需要	（届け出た）特定の需要	（許可を受けた）供給地点の需要
主な義務	・託送供給義務 ・電力量調整供給義務 ・接続供給義務 ・電圧・周波数維持義務	・小売電気事業者などと契約している場合は、託送供給義務 ・電圧・周波数維持義務	（特になし）
事業のイメージ	市町村単位での配電事業、離島を区画とする配電事業、一般送配電事業者の設備を譲受け、又は借受けでの参入が可能	六本木エネルギーサービス　など	CHIBAむつざわエナジー　など

出所：資源エネルギー庁「配電事業ライセンスについて」(2022年1月) より野村総合研究所作成

DER 導入・活用の促進への貢献

配電事業などは、供給安定性・レジリエンス向上や電力システムの効率化などを目指すものであり、その実現のために DER の導入・活用が促進されることが期待される。

供給安定性・レジリエンス向上に関しては、災害時などにオフグリッド化し、独立運用することにより、配電エリア内の需要家に対して電力供給を継続するサービスなどが想定される。こうしたサービスは、特定供給・特定送配電事業として新規の宅地開発エリアなどでエネルギーマネジメント事業者などが自営線を敷設して行うことや、配電事業として、エネルギーマネジメント事業者などが一般送配電事業者の設備も活用して、より広い地域で行うことなどが想定されている。そして、こうしたサービスの実現には、需要サイド・供給サイド問わず、発電設備や負荷設備を一体的に管理し、需給管理を行っていく必要があり、DER の導入・活用が求められる。また、電力システムの効率化に関して、今後、一般送配電事業者と他のプラットフォーマーなどが連携し、デジタル技術を活用した出力制御やローカルフレキシビリティ市場による抑制枠の取引といった高度な運用を実現することで、設備増強を回避しつつ、再生可能エネルギーを大量に接続・運用していくことなどが期待されている。つまり、電力システムの効率化のために（DER の一種である）再生可能エネルギーを新たに導入しつつ、設備増強を回避するためにも DER を導入・活用することが求められているといえる。

DER 導入・活用に関わる直近の動き・今後の課題

第 45 回電力・ガス基本政策小委員会（2022 年 2 月 25 日）において、分散型エネルギーシステムに対応したグリッド形成の方向性が提案された。[21]

分散型エネルギーシステムに対応したグリッド形成については、これまで①地域の電力供給レジリエンスの向上、②地域再生可能エネルギーの地産地消ビジネスの深化、③再生可能エネルギーの大量かつ効率的な導入と

いった中長期的な社会的便益が期待されている。一方で、例えば、地域で再生可能エネルギーを統合制御し、需給・系統管理を行う分散型のグリッドの導入は、短期的にはコスト増や地域再生可能エネルギーの出力抑制増に繋がるという問題も考えられる。こうした問題を踏まえて、配電事業者と一般送配電事業者との緊密な連携方法や、必要となる初期投資コストも考慮して、一般送配電事業者と配電事業者の双方がビジネスベースで事業を実施していくことが可能となる費用分担の在り方などが論点として挙げられた。

指定区域供給制度
制度・政策の概要

　指定区域供給制度とは、電力系統の一部区域を主要系統から切り離して独立系統化し、当該区域において一般送配電事業者が系統運用と小売供給を一体的に行う制度のことである。台風による停電復旧の課題や地域の電力需要の変化などを踏まえて、平時から配電網を独立系統運用して電力供給を行うほうが、レジリエンスの向上や維持運用費用の抑制が期待される場合があるとし、持続可能な電力システム構築小委員会にて指定区域供給制度の詳細化に向けた議論が行われた。[22] その後、配電事業ライセンス制度などと同じく、2020 年 6 月の「強靱かつ持続可能な電気供給体制の確立を図るための電気事業法等の一部を改正する法律」において、指定区域供給制度の導入が決定された。また、同法では、指定区域は一般送配電事業者の申請に基づき国が指定を行うことや、国が指定する基準として、①独立系統としての運用が一般送配電事業の効率的な運営に資することと、②当該区域内の電気の安定供給を阻害する恐れがないことの、いずれも満たすことなどが規定されている。

　なお、指定区域供給制度は、一般送配電事業者の申請に基いて国が指定を行うものであるが、配電事業者が配電事業を行う供給区域を指定区域として独立系統化することも想定される。持続可能な電力システム構築小

委員会において、このケースの申請に関しては、配電事業者と一般送配電事業者が協議を行い、一般送配電事業者から申請することと整理されている。[22] また、一般送配電事業者が事業を行う区域を指定する場合と同様に、①独立系統としての運用が一般送配電事業の効率的な運営に資することと、②当該区域内の電気の安定供給を阻害する恐れがないことが、国の指定基準とすることと整理されている。

DER 導入・活用の促進への貢献

　指定区域供給制度による独立系統運用においては、当該区域の発電量・需要量のみで需給バランスを保つ必要があることから、DERの導入・活用がより重要となる。例えば、太陽光発電を中心とした独立系統運用を行う場合、太陽光発電は、日中しか発電しないことから、需要を日中のみにシフトさせるか、蓄電池を導入して日中の太陽光発電からの電気を蓄電池に充電し、夜間に放電することで需給バランスを保つ必要がある。一方で、日中でも曇天時などの太陽光発電が発電しない場合もあることから、非常用電源などの導入も必要となる。このように、系統電力に頼れないことから、さまざまな状況を想定して複数のDERを導入する必要があり、また、DERを活用して効率的に需給バランスを調整する必要があることから、指定区域供給制度による独立系統運用によってDERの導入・活用が促進されると考えられる。

自己託送

制度・政策の概要

　自己託送制度は、需要家が保有する自家用発電設備によって発電した電気を、一般送配電事業者の送配電ネットワークを介して、別の場所にある需要家の工場などに送電するという、一般送配電事業者の送電サービスのことであり、2013年に制度化された。自己託送制度では、供給元と供給先の需要家に密接な関係があることが求められており、従来の自己託送制度

では、供給元と供給先は同一需要家か、同一グループ（資本関係がある）である必要があった。しかし、需要家が遠隔地などから再生可能エネルギーを直接、調達するようなニーズが高まったことから、電力・ガス基本政策小委員会において、供給先が他社（グループ外）のケースの許容に向けて議論が行われた。[21] その結果、供給元と供給先に資本関係などがない場合でも、組合を設立して一定の要件を満たすことで密接な関係を持つとみなし、自己託送を許容することとなった。そして、電気事業法関連規定（電気事業法施行規則及び「自己託送に係る指針」）の改正が2021年11月18日に公布及び施行された。

DER導入・活用の促進への貢献

再生可能エネルギー特別措置法上、小売電気事業者から電気の使用者に対して供給された電気に対して、再生可能エネルギー賦課金が徴収されることとなっている。一方、自家消費や自己託送により使用された電気は、これに該当しないため、自己託送で送られる電気については、再生可能エネルギー賦課金が免除となる。そのため、自己託送は、オフサイトの再生可能エネルギー電源を調達する際の有望な手段のひとつとなり得る。そして、供給先が他社（グループ外）の場合でも一定の条件の下で自己託送が可能となり、自己託送制度がより利用しやすくなったため、今後、自己託送制度が再生可能エネルギーの導入促進により寄与し得ることが想定される。

また、自己託送の場合は、供給元からの送電量が供給先の総需要量を超えない条件（30分単位・365日間）が課されるため、バランシンググループが小規模になる傾向にある。バランシンググループが小規模になると精度の高い予測を行うことなどが難しくなるため、インバランスが発生するリスクが大きくなり、高度な需給管理が求められる。その対策のひとつとして、例えば、蓄電池を併設して需給を調整することも想定され、その場合は、蓄電池の導入・活用の促進に繋がると考えられる。

DER 導入・活用に関わる直近の動き・今後の課題

今後も FIT などによる再生可能エネルギーの導入量及び発電量は増加していくため、再生可能エネルギー賦課金の単価も、引き続き上昇していく見通しである。そのため、現行制度下では、自己託送のメリットも高まっていくことが想定される。

一方、自己託送が普及し、再生可能エネルギー賦課金の徴収対象外となる電気を使用する事業者が増加した場合、再生可能エネルギー賦課金の総額は変わらないため、自己託送を利用しない電気の使用者の負担額が増えることとなる。これを受けて、第31回電力・ガス基本政策小委員会（2021年3月10日）では、需要家が電気の供給を受けるという点には差異がないにも関わらず、賦課金の負担に差が生じることに関して、議論が行われた。[21] そして、まずは、現行制度の下で、再生可能エネルギー発電事業者による需要家への直接供給の取り組みを進めつつ、必要に応じて、賦課金の負担の在り方を関係審議会で検討していくこととされた。今後の自己託送に関わる再生可能エネルギー賦課金の議論次第では、自己託送のメリットが大きく変化することが想定される。

アグリゲーターライセンス

制度・政策の概要

電力システム改革や IoT の発展、災害の激甚化などを踏まえて、DER を束ねて（アグリゲーションして）供給力や調整力を提供する DR/VPP 事業の重要性が高まっている。このような背景から、アグリゲーター（DER を束ねて DR/VPP を行う事業者）の在り方などについて、持続可能な電力システム構築小委員会で議論が行われ、自家発電などの DER を広く供給力として国が把握するとともに、DR/VPP のビジネス環境を整える観点から、アグリゲーターを「特定卸供給事業者」として電気事業法に新たに位置付けることとされた。[22]

特定卸供給は「電気の供給能力を有する者（発電事業者を除く）に対し

て、発電又は放電を指示して集約した電気を、小売電気事業や一般送配電事業などに卸供給する事業」と定義され、その特定卸供給の供給能力が、経済産業省が定める要件に該当する場合、特定卸供給事業者とみなされる。このため、特定卸供給事業者は、経済産業大臣への届出を行い、規制を受けることとなるが、あくまで小売電気事業や市場などに卸供給を行うアグリゲーター（アグリゲーションコーディネーター）が特定卸供給事業者に該当し、アグリゲーションコーディネーターからの指示を受ける下位のアグリゲーター（リソースアグリゲーター）は該当しない。また、電気の供給能力を有する者（発電事業者を除く）から電気を集約する事業者の中でも、1MW以上の電気を集約する者が特定卸供給事業者に該当する。

　なお、令和4（2022）年10月時点で、特定卸供給事業者として38社の届出が行われている。[23]

DER 導入・活用の促進への貢献

　アグリゲーターライセンス制度によって、アグリゲーターに対して適切な事業規律が課されることとなる。その結果、アグリゲーターによる容量市場や需給調整市場などへの供給力の確実な提供を通じた安定供給への貢献や、アグリゲーション事業に対する信頼性の向上及びそれらを通じたDR/VPP産業の発展に繋がることが期待される。

特定計量制度

制度・政策の概要

　近年、DERの普及に伴い、リソースごとの取引などの新たなニーズが出現してきている。また、このような取引に用いる電気計量について、リソースに付随する機器（パワーコンディショナー、EVの充放電設備など）の利用ニーズが高まっている。一方で、従来の電気計量制度では、すべての取引に係る電力量の計量について、計量法に基づく型式承認又は検定を受けた計量器を使用することが求められていた。しかし、リソースごとの取

表 2-7　特定卸供給事業者一覧

#	事業者名	届出日
1	株式会社エナリス	2022年4月1日
2	株式会社 タクマエナジー	2022年5月19日
3	積水化学工業株式会社	2022年5月27日
4	オリックス株式会社	2022年6月1日
5	パシフィックパワー株式会社	2022年6月2日
6	アズビル株式会社	2022年6月2日
7	東北電力株式会社	2022年6月7日
8	大阪瓦斯株式会社	2022年6月15日
9	関西電力株式会社	2022年6月15日
10	Goal Connect 株式会社	2022年6月17日
11	株式会社グローバルエンジニアリング	2022年6月20日
12	東京電力ベンチャーズ株式会社	2022年6月20日
13	九州電力株式会社	2022年6月20日
14	電源開発株式会社	2022年6月21日
15	テス・エンジニアリング株式会社	2022年6月21日
16	アーバンエナジー株式会社	2022年6月22日
17	MCリテールエナジー株式会社	2022年6月24日
18	エネルエックス・ジャパン株式会社	2022年6月27日
19	株式会社ＵＰＤＡＴＥＲ	2022年6月27日
20	東邦ガス株式会社	2022年6月28日
21	カスタマイズドエナジーソリューションズジャパン株式会社	2022年6月28日
22	東京電力エナジーパートナー株式会社	2022年6月28日
23	北陸電力株式会社	2022年6月28日
24	三菱重工業株式会社	2022年6月29日
25	北海道電力株式会社	2022年6月29日
26	四国電力株式会社	2022年6月29日
27	中部電力ミライズ株式会社	2022年6月30日
28	東京瓦斯株式会社	2022年6月30日
29	株式会社工営エナジー	2022年6月30日
30	東京電力ホールディングス株式会社	2022年6月30日
31	日立造船株式会社	2022年6月23日
32	中国電力	2022年6月27日
33	NTTアノードエナジー株式会社	2022年6月15日
34	ENEOS株式会社	2022年6月30日
35	デジタルグリッド株式会社	2022年7月12日
36	伊藤忠商事株式会社	2022年8月8日
37	Greenest Energy株式会社	2022年8月8日
38	リニューアブル・ジャパン株式会社	2022年9月20日

出所：資源エネルギー庁「特定卸供給事業者一覧」（2022 年 10 月 31 日時点）より野村総合研究所作成

引において活用が望まれているような計量専用ではない多様な機器・設備ごとに、現行の型式承認などを実施することは現実的ではない。また、既存の機器が適切な計量機能を有している場合であれば、追加的に検定済みの計量器を設置することは合理的ではない。このような状況を受けて、持続可能な電力システム構築小委員会において、電気計量制度の合理化に関する議論が行われた[22]。そして2020年の電気事業法改正に、一定のルールの下、パワーコンディショナーやEV充電器など（特例計量器）を取引などに活用できるようになる「特定計量制度」が盛り込まれた。これにより、分散型リソースを活用した新たな取引などにおいて、事業者が事前に届出を行い、かつ使用する特例計量器の精度確保や需要家への説明、適切な計量の実施を行った場合、その届出をした電力量の取引などについては、特例計量器の計量値を使用できることとなった。

　ここで、適正な計量を担保するための電気事業法施行規則で定める基準などの検討については、特定計量制度及び差分計量に係る検討委員会において議論が行われた[24]。そして、特定計量事業者が届出を行ううえでの指針として、電気事業法施行規則で定めた特定計量の定義・要件や内容をより具体的に示した、「特定計量制度に係るガイドライン」が策定され、2022年4月の同施行規則の施行と合わせて公表された[25]。

DER活用の促進への貢献

　特定計量制度によって、特例計量器を用いて柔軟にDERを活用した取引ができるようになることで、これまでは実現困難であった形でのDER活用が可能となり、DER活用が促進されることが期待されている。例えば、特例計量器としての基準を満たすEV充放電設備を設置している家庭においては、そのEV充放電設備の計量値を用いた電力量の取引が可能となる。これにより、市場価格が安いときに電気を買ってEVに充電し、高いときにEVから放電して電気を売る運用を行い、EVに充放電した電力量そのもので評価・精算するようなサービスが実現でき、EVの活用が促進される

ことなどが期待される（なお、特定計量制度・特例計量器がなければ、EVに充放電した電力量そのものを評価・精算することはできず、受電点における電力量で代替することなどが必要である）。

DER 導入・活用に関わる直近の動き・今後の課題

第46回電力・ガス基本政策小委員会（2022年3月25日）において、今後の特定計量制度の論点として、差分計量の考え方などが挙げられた。[21]

差分計量の論点としては、「特定計量対象機器以外の計量値は、スマートメーターの値から特例計量器の計量値の差引きが必要となるところ、この際の誤差の扱いを、電気事業制度上、どのように観念すべきか」という点などが挙げられた。なお、特定計量制度及び差分計量に係る検討委員会において、計量法で求められる正確計量に係る努力義務を果たすケースが示され、計量法上の一定の考え方は整理済みとなっている。

電力データ活用制度
制度・政策の概要

災害時における電力会社と自治体などの他組織との連携の円滑化や、平時における自治体や他事業者による社会問題の解決・新たな価値の創造を目的として、電力データの活用ニーズが高まっている。ここにおける電力データとは、スマートメーターから得られるデータを指し、設備情報（計器ID、位置情報、設置完了日時など）や電力量情報（計器ID、日付、潮流区分、30分ごとの電力使用量）が含まれる。スマートメーターの電力量情報を活用することで、例えば、防災計画の高度化が可能と考えられている。具体的には、自治体がスマートメーターの電力量情報を取得し、分析を行うことで、地域内の避難所の充足・不足を把握する。そして、不足エリアに避難所を増設することで、災害時に十分な避難所を確保することができるようになるだろう。

このような電力データの活用ニーズの高まりから、持続可能な電力シス

テム構築小委員会などにおいて、災害などの緊急時における電力データと平時の電力データの活用の制度設計に関する議論が行われ、2020年6月の電気事業法改正により、一定のルールの下、電気事業者以外の事業者も含めて、電力データの活用が可能となった。[22] このうち、災害などの緊急時における電力データの活用が可能となる変更が同月に、平時の電力データの活用が可能となる変更が2022年4月に施行された。これにより、各一般送配電事業者が保有する個々の需要家の電力データを、その需要家からの同意取得に基づき、ひとつの窓口で一括して入手・利用することができる仕組み「認定電気使用者情報利用者等協会制度」が構築され、同年6月には、電力データ管理協会が認定電気使用者情報利用者等協会に認定された。

なお、2020年度においては実際に、佐賀県武雄市が台風9・10号の対応として、配電線地図（停電箇所が色塗りされたもの。スマートメーターの通電情報を基に作成されたと考えられる）を要請し、市関係者内での停電エリアの共有や、市民から停電状況の問い合わせ対応に活用された。

DER活用の促進への貢献

本制度により、DR/VPPの実施に必要となるスマートメーターのデータを取得しやすくなると考えられ、DERの活用促進が期待される。なお、本制度はDR/VPP以外にも、スマートメーターの電力データを活用した在宅判定アルゴリズムで、在宅予測・判定し、不在配達率を軽減するという運輸業への貢献や、スマートメーター統計データを活用し、より情報の鮮度と精度が高いエリアマーケティング広告を可能にするという広告業への貢献なども期待されている。

系統用蓄電池の事業環境整備に資する施策

制度・政策の概要

2050年カーボンニュートラルの実現に向けて、調整力や供給力を確保

する一手段として、系統に直接連系する蓄電システムがある。この系統連系の蓄電システムには、系統用蓄電池や、既に活用されている揚水発電が挙げられるが、揚水発電は今後の開発余地が限定されることを踏まえると、系統用蓄電池の導入拡大が期待される。このような背景から、再生可能エネルギー大量導入・次世代電力ネットワーク小委員会や、電力・ガス基本政策小委員会では、大規模な系統用蓄電システムの普及に向けた論点・方針の整理が行われた。[7][21] 主な論点として、系統用蓄電事業の電気事業法上の位置付けと、託送料金に関する費用負担の在り方などが挙げられた。

　系統用蓄電事業の電気事業法上の位置付けとは、系統用大型蓄電池を扱う事業者は、需要（充電）と発電（放電）の双方の側面を活用しながら、供給力や調整力の提供を行うことが想定されるなか、系統用蓄電池事業を電気事業法上でどう扱うべきかという論点である。蓄電池と類似する揚水発電については、ポンプアップという需要の側面も持ちつつも、合計の接続最大電力が1000kWを超えるなどの発電事業者の要件を満たす場合には、「発電事業」に分類し、適切な事業規制が課されている。これを踏まえ、1000kW以上の系統用蓄電池についても、「発電事業」と位置付け、参入・退出時の届出義務や、需給ひっ迫時の供給命令などの現行の発電事業者に対する規制を課すべきと整理された。その後、2022年3月1日に、1000kW以上の系統用蓄電池を「発電事業」と位置付けることが規定された「安定的なエネルギー需給構造の確立を図るためのエネルギーの使用の合理化等に関する法律等の一部を改正する法律案」が閣議決定され、2022年5月13日に参議院本会議で可決、成立した。系統用蓄電池の発電事業の位置付けに関して、2023年度に施行される予定である。

　また、系統用蓄電池の託送料金に関する費用負担の在り方とは、蓄電池への供給（充電）と、蓄電池からの供給（放電）、充放電に伴う蓄電ロスのうち、どれを託送料金の対象とするべきかという論点であった。この点については、揚水発電と同様に、蓄電池への供給（充電）は託送料金の対象外で、蓄電池からの供給（放電）には託送料金の対象と整理された。加えて、

充放電に伴う蓄電ロス分については、需要と観念して託送料金の対象と整理された。

さらに、系統用蓄電池は、系統向けに放電（逆潮）するのみならず、系統から受電（順潮）して充電も行うことから、系統接続に際しては、逆潮流側だけでなく、順潮流側の空き容量についても考慮する必要がある。逆潮流側については、ノンファーム型接続などのルールが導入されている一方で、順潮流側についてはこうしたルールがないため、混雑回避のための系統増強が必要となり、蓄電池設置事業者に多額の工事費用負担が発生する可能性がある。こうした問題を踏まえて、第41回系統ワーキンググループ（2022年9月14日）では、系統用蓄電池の接続に際し、順潮流側の系統混雑時の充電抑制を条件とすることで、系統増強を回避し、早期に系統接続できる方策を検討することが提案された。具体的には、系統用蓄電池の充電の制限や、系統の増強規律、費用負担などの在り方について検討を進めつつ、系統用蓄電池の接続希望が殺到している北海道の一部系統において、緊急的な対応として試行的な取り組みを行うことが提案された。[8]

DER 導入・活用の促進への貢献

1000kW 以上の系統用蓄電池が発電事業と位置付けられることで、現行の発電用電気工作物と同様に、一般送配電事業者は、正当な理由がない限りその接続を拒むことができないこととなる。これにより、系統連系が容易になれば、系統用蓄電池の導入・活用が促進されると考えられる。

再生可能エネルギー併設蓄電池の事業環境整備に関する施策
制度・政策の概要・DER 導入・活用の促進への貢献

FIP制度の推進を加速し、再生可能エネルギー発電事業の市場統合を進めるにあたって、蓄電池の導入促進は重要な取り組みとなる。一方で、蓄電池の価格は、発電事業者にとって高い水準となっており、採算性がとりづらいことが導入の障壁となっていることから、コスト低減に向けた取り

組みを進めると同時に、発電事業者やアグリゲーターの創意工夫を引き出し、収益性の向上を促す施策が重要となる。このような背景から、FIP制度の推進に向けて、再生可能エネルギー大量導入・次世代電力ネットワーク小委員会において、現行の再生可能エネルギー併設蓄電池の設置ルールの見直しが行われている（2022年10月、執筆時点）[7]。具体的には、FIT/FIP再生可能エネルギー併設蓄電池の系統電力からの充電の許可と、FIP移行認定案件の事後的な蓄電池設置条件の緩和である。

　現状のFIT/FIP制度（再生可能エネルギー特別措置法）では、国民負担により支援する電力量を明確に区別するため、認定発電設備から発電された電力量のみが交付金算定の基となるように、系統から発電設備に電気が流れ込まないような措置を講じることが求められている。このため、FIT/FIP発電設備に併設された蓄電池に、系統電力を充電することはできないルールとなっている。一方で、FIT/FIP発電設備に併設された蓄電池に、発電設備からの充電だけでなく、系統からの充電も可能となれば、より柔軟な蓄電池の活用が可能となり、収益性が向上する。例えば、太陽光発電の場合、蓄電池を活用することで、太陽光発電による電気の売電タイミングを昼間から夕方にタイムシフトすることが考えられるが、太陽光発電は日没後は発電しないため、当該太陽光発電設備からの充電に限った運用をしている場合は、日没後に蓄電池を使用することができない。しかし、系統側からの充電が可能になる場合、日没後においても市場価格の安いタイミングでの充電・市場価格の高いタイミングでの放電が可能となり、蓄電池の稼働率・収益性が向上する。蓄電池の収益性が向上することで、蓄電池の導入・活用が促進され、ひいてはFIP制度の促進にも繋がると考えられる。

　また、蓄電池を事後的に設置したうえでFIP制度へ移行する取り組みは、FIP制度の趣旨である電力市場への統合に資するという点や、FIP移行によってFITインバランス特例によって生じる三次調整力②の負担減少に繋がるという点から、促進されるべき取り組みである。一方で、2021年度ま

でに取得したFIT認定からFIP認定に移行する案件においては、蓄電池を事後併設し、充電・売電する場合は、基本的に最新の調達価格に変更することとされている（ただし、太陽光発電設備の出力がパワーコンディショナーの出力を下回っている場合、もしくは蓄電池からの放電分を区分計量し、非FIT/非FIPで売電をする場合は、価格変更せずに設置が可能）。こうした事後的な蓄電池設置条件が緩和されることで、再生可能エネルギー併設蓄電池の導入はさらに促進されると考えられる。

DER 導入・活用に関わる直近の動き・今後の課題

　第42回再生可能エネルギー大量導入・次世代電力ネットワーク小委員会にて、FIT/FIP再生可能エネルギー併設蓄電池の系統電力からの充電については、蓄電池から放電された電力量を、発電設備と系統から充電された電力量で按分することで、認定発電設備由来の電力量を特定し、FIT買取/FIPプレミアム交付の対象とする方向性が示された[7]。今後は、関係各所でこうした運用に必要なシステム改修などや計量に関する実務的な整理が行われ、また、資源エネルギー庁においては、2022年度内を目途に必要な規定などの改正が行われる予定である。

　同じく第42回再生可能エネルギー大量導入・次世代電力ネットワーク小委員会にて、FIP移行認定案件の事後的な蓄電池設置条件の緩和については、再生可能エネルギーの大量導入や主力電源化に加え、国民負担抑制の観点も踏まえて、調達価格等算定委員会と連携して議論していく方向性が示された（2022年10月、執筆時点）。

上げ DR による基本料金増加の軽減措置
制度・政策の概要

　1.2.1項で確認したとおり、自然変動再生可能エネルギーの増加により、出力制御が増加してきている。こうしたなか、再生可能エネルギー大量導入・次世代電力ネットワーク小委員会中間整理（第1次）において、昼間の

太陽光発電などによる電力供給過剰に対して、電力需要を制御することにより需給バランスを調整する上げDRの活用に向けた検討を進める方針が示された。[7] これを受けて、電力・ガス事業分科会電力・ガス基本政策小委員会系統ワーキンググループにて、具体的な上げDRの実施に向けた問題が整理検討された。[8] そして、①上げDR時の電力基本料金の増加による収益性の低下と、②上げDRによるメリットを配分する仕組みの欠如が問題として挙げられた。

　①については、例えば、ある需要家が自家発電を停止又は抑制し、系統電力からの調達量を増加させる場合、現行制度では、契約電力（常時）が増加する可能性があり、それにより契約基本料金が増加する恐れがある。このような電力基本料金の増加が上げDR実施の阻害要因になっているというものである。これを受けて、自家発電補給契約を結んでいる需要家が、一般送配電事業者が「出力制御の可能性」を発表した対象日時に限り、上げDRのために自家発電設備を停止又は抑制し、系統からの電力の吸い込みを増やす場合に、自家発電補給契約の対象としつつ、基本料金が増加しない措置が提案された。そして、第29回電力・ガス基本政策小委員会（2021年1月19日）において、2021年4月1日付で、各一般送配電事業者の託送供給等約款に、再生可能エネルギー出力制御時の特別措置として規定された。

　②については、小売電気事業者、アグリゲーター、需要家にて利益を分け合う取り決めや、卸電力市場価格と連動した電気料金の設定などについて、国としても想定されるケースや事例を発信し、事業者の積極的な取り組みを促すことが提案された。

DER活用の促進への貢献

　今後、自然変動再生可能エネルギーの普及が進むことで、さらに出力制御量の増加が想定されるなかで、再生可能エネルギーの有効利用の観点から、上げDRの重要性はより高まっていくと考えられる。そのため、前述

のような措置が実現されれば、上げDRの実施が促進され、DERの活用促進に繋がることが想定される。

2.2.3 活用価値の顕在化

DER活用価値の顕在化に関する制度・政策の代表例としては、調整力公募、容量市場、需給調整市場、卸電力市場、追加供給力公募・追加電力量公募、非化石価値取引市場・再生可能エネルギー価値取引市場、長期脱炭素電源オークション及びローカルフレキシビリティが挙げられる。

調整力公募

制度・政策の概要

2016年度に施行された改正電気事業法により、一般送配電事業者が電力供給区域の周波数制御、需給バランス調整を行うこととなった。そして、必要な調整力を調達するにあたっては、一般送配電事業者は原則として公募の方法で調達することとされ、調整力公募が行われてきた。

調整力公募では、電源Ⅰと電源Ⅱの2つの電源が調達される。電源Ⅰは、一般送配電事業者が調整力専用として常時確保する電源などであり、電源Ⅱは、小売電源のゲートクローズ後の余力を活用する電源などである。電源Ⅰについては、一般送配電事業者が必要量を明示して募集をし、落札した事業者に対して、その契約容量に応じたkW価格が支払われる。また、運用段階で調整指令が出された場合には、その指令量に応じたkWh価格が支払われる。一方で、電源Ⅱについては、必要量が明示されない形で募集がされて契約がされる。運用段階で調整指令が出された場合には、その指令量に応じたkWh価格が支払われる。また、図2-4のとおり、電源Ⅰと電源Ⅱは、さらにそれぞれa、b、´（ダッシュ）の3種類に分かれる。aは周波数制御用とされ、高速応動が要求される。´（ダッシュ）は需給バランス調整用とされ、比較的低速の応動が要求される。

DER活用の促進への貢献

　調整力公募では、電源I′に多くのDRが参加し、DERの活用が促進されてきている。調整力公募の結果や分析は、電力・ガス取引監視等委員会の制度設計専門会合にて行われている。[26]

　図2-5のとおり、電源I′の落札容量において、DRが占める比率は年によって異なるが、30 ～ 70％程度となっている。DRの落札容量は2019年度から増加傾向にあり、2022年度のDRの落札容量は229.7万kW、落札容量に占めるDRの比率は63％と、電源よりも多い。

　落札された電源・DRの平均価格については、図2-6のとおり、DRは電源よりも基本的に安価で、4000円/kW前後の価格帯となっている。2020年度からはDRの平均落札価格は低下傾向にあり、2022年度は3899円/kWとなった。

　そして、2022年度の電源I′のDRリソースの内訳は、工場ラインの一部停止などの需要抑制が約8割、自家発電などの稼働（逆潮なし）が約2割弱となった。また、蓄電池も若干ではあるものの存在した。

DER導入・活用に関わる直近の動き・今後の課題

　電源I′は、2022年度向けの公募から、逆潮流アグリゲーションによる応札が可能となった。制度設計専門会合の分析によると、逆潮流アグリゲーションのDRは、30件の応札があり、うち9件が落札された。[26]

　また、2020年度冬季の継続的なkWh不足による需給ひっ迫を受けて、2021年度冬季の対策として、電源I′の長時間発動が措置された。これは、既存の電源I′契約事業者に対して、長時間発動が可能な場合の任意での協力を事前に求めるものであるが、実際に契約に応じたのは2社だけであった。制度設計専門会合が実施したアンケート結果によると、申し出の時期的な困難性、価格面・採算上での困難性といった理由が大半を占め、電源I′の長時間発動を別商品として公募してほしいという要望も挙がった。この[26]結果を踏まえて、電力広域的運営推進機関の調整力及び需給バランス評価

図 2-4　2022 年度向け調整力公募の概要

	周波数制御用	需給バランス調整用	
	ハイスペック・高速発動		ロースペック・低速発動
電源 I	【I–a】 ・発動時間：5 分以内 ・周波数制御機能（GF・LFC）あり ・専用線オンラインで指令・制御可 ・最低容量：0.5 万kW	【I–b】 ・発動時間：15分以内 ・周波数制御機能（GF・LFC）なし ・専用線オンラインで指令・制御可※ ・最低容量：0.5 万kW	【I'】 ・発動時間：3 時間以内 ・周波数制御機能（GF・LFC）なし ・簡易数指令システムで指令 ・最低容量：0.1 万kW
電源 II	【II–a】 ・発動時間：5 分以内 ・周波数制御機能（GF・LFC）あり ・専用線オンラインで指令・制御可 ・最低容量：0.5 万kW	【II–b】 ・発動時間：15分以内 ・周波数制御機能（GF・LFC）なし ・専用線オンラインで指令・制御可※ ・最低容量：0.5 万kW	【II'】 ・発動時間：45分以内 ・周波数制御機能（GF・LFC）なし ・簡易指令システムで指令 ・最低容量：0.1 万kW

※一部エリアは、簡易指令システム（最低容量 0.1 万kW）も対象。
出所：電力・ガス取引監視等委員会「第 73 回制度設計専門会合　資料 9-1」より野村総合研究所作成

図 2-5　調整力公募電源 I' の落札結果における電源・DR の容量の推移

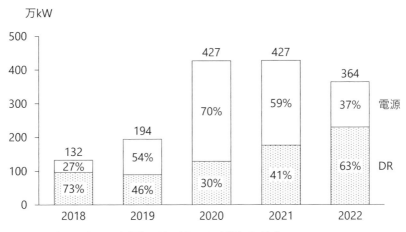

出所：電力・ガス取引監視等委員会「制度設計専門会合」より野村総合研究所作成

図 2-6　調整力公募電源 I' の落札された電源・DR の平均価格の推移

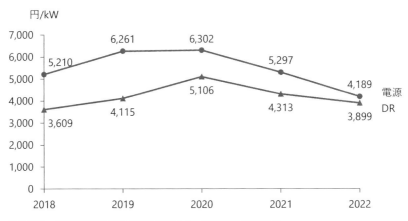

出所：電力・ガス取引監視等委員会「制度設計専門会合」より野村総合研究所作成

図 2-7　2022 年度調整力公募電源 I' の落札された DR のリソース内訳

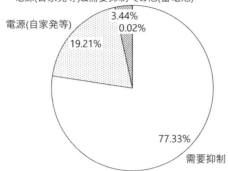

電源(自家発等)&需要抑制　その他(蓄電池)
3.44%　　　0.02%
電源(自家発等)
19.21%

77.33%
需要抑制

出所：電力・ガス取引監視等委員会「制度設計専門会合」より野村総合研究所作成

図 2-8　調整力の区分及び必要量の概念図（沖縄電力を除く）と
　　　　容量市場の対象範囲

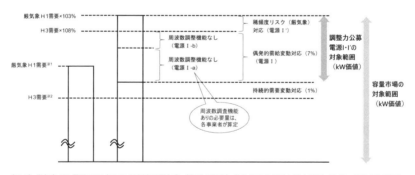

（※ 1）厳気象 H1 需要：10 年に 1 回程度の厳気象（猛暑 / 厳寒）条件における最大電力需要（なお、単に H1 需要と
いった場合は、ある期間における電力需要の最大値を指す）。
（※ 2）H3 需要：年間最大 3 日平均の電力需要。
（※ 3）数値は 2017 年度の発表資料当時のもの。
出所：資源エネルギー庁「制度検討作業部会（第 31 回）資料 4」より野村総合研究所作成

等に関する委員会では、今後の電源I'の長時間発動の実施方針が議論され
た。[9] その結果、長時間発動を別商品として公募する場合、一般送配電事業
者が小売電気事業者に先んじて供給力を確保することになるため慎重な議
論が必要とし、電源I'の仕組みが残る 2023 年度までについては、引き続

き電源Iの契約交渉において、長時間発動についての可能な範囲での協力依頼を継続することが提案された。

そして、今後、調整力公募のkW価値分は容量市場に、⊿kW価値分は需給調整市場に順次統合されることとなっている。その結果、調整力公募自体は2023年度に終了する見込みである。なお、kW価値や⊿kW価値の定義については、3.1節を参照されたい。

容量市場
制度・政策の概要

　昨今の需給ひっ迫状況が起きる以前は、小売全面自由化や再生可能エネルギーの導入拡大によって、卸電力市場の取引が拡大し、市場価格が低下してきていた。こうした状況では、電源の投資予見性が低下し、電源投資が適切なタイミングで行われないことで、中長期的な供給力不足に陥る可能性がある。そして、その結果、需給ひっ迫が起き、電気料金が高止まりするなどの問題が発生する可能性がある。

　中長期的な供給力確保の仕組みには、容量メカニズムや、人的に市場価格（kWh価値）を大幅に引き上げる（スパイク）手法などが存在する。容量メカニズムとは、卸電力市場（kWh市場）とは別に、発電などによる供給能力に対する価値（kW価格）を支払う制度であり、米国PJMや英国などで導入されている。人為的な価格スパイクとは、基本的に発電投資回収を卸電力市場（kWh市場）に委ねるものの、ある一定の供給力・予備力水準を下回った時点で、人為的に市場価格（kWh価格）を上昇させるものである。これは、米国ERCOTなどで導入されている。また、容量メカニズムの中にも、集中型と分散型などが存在する。集中型は、系統運用者が目標調達量を設定してオークションを開催し、発電事業者はオークションに参加して発電容量を確保し、小売電気事業者は、顧客の需要kWに応じた価格を系統運用者に支払うというもので、米国PJMや英国などで採用されている。一方で、分散型は、系統運用者は容量確保義務量の計算を行

い、小売電気事業者は供給力を自ら確保し、発電事業者は小売電気事業者に提供する供給力の発電容量を確保するというもので、フランスなどで採用されている。このように諸外国では、さまざまな供給力確保の仕組みが取られているが、日本では、集中型容量メカニズムを採用し、容量市場を2020年度に立ち上げた。

　容量市場の目的は、①電源投資が適切なタイミングで行われ、あらかじめ必要な供給力を確実に確保することと、②卸電力市場価格の安定化を実現することで、電気事業者及び需要家にメリットをもたらすことである。

　電力広域的運営推進機関は、実需給期間の4年前に容量市場のメインオークションを通じて全国で必要な供給力を一括して確保する。つまり、買い手は電力広域的運営推進機関、売り手は発電事業者などとなる。電力広域的運営推進機関は、全国で必要な供給力などに基づき、需要曲線（買い入札曲線）を設定し、発電事業者などは、応札単位ごとに、量と価格（円/kW）を決めて、応札する。応札価格を安価な順に並べた供給曲線と需要曲線との交点をにおける応札の価格を約定価格とし、約定価格以下の応札価格の電源が落札電源となる（シングルプライスオークション）。

　容量市場の対象電源は、実需給年度に供給力を提供できる電源となるが、FIT・FIP電源は固定費を含めた費用回収が行われているため、基本的に参加できない。また、参加対象となる電源などは、「安定電源」、「変動電源（単独）」、「変動電源（アグリゲート）」、「発動指令電源」と区分されている。安定電源は、期待容量が1000kW以上の安定的な供給力を提供する電源のことであり、火力や原子力、大規模水力などが該当する。ここで、期待容量とは、設備容量のうち供給区域の供給力として期待できる容量の最大値のことであり、設備容量から補機などの構内需要電力や外気温による出力低下分などを差し引いたものを指す。変動電源（単独）は、期待容量が1000kW以上の供給力を提供する自然変動電源のことであり、水力（一部の自流式）や風力、太陽光が該当する。変動電源（アグリゲート）は、単体の期待容量が1000kW未満の自然変動電源を組み合わせ、期待容量

1000kW 以上とした変動電源群のことである。発動指令電源は、DR/VPP や、安定的に供給力を提供できない電源・電源群のことである。

　また、容量市場では、実需給期間の2年前には実効性テストが、1年前には追加オークションが行われる。実効性テストでは、実需給年度の2年前の夏季（7〜9月）又は冬季（12〜2月）に、一般送配電事業者からの指令に基づき、容量確保契約容量以上の供給力を提供できるか確認される。また、追加オークションは、実需給年度の4年前のメインオークション実施後、実需給年度の至近までに需給状況が変動が生じた際に、過不足を調整する目的として設定されている。そのため、メインオークション後の需給状況を考慮したうえで十分な供給力が確保されている場合には、追加オークションは行われない。

DER 導入・活用の促進への貢献

　DR/VPP は、発動指令電源として容量市場に参加することができることから、容量市場によって DER の活用は促進され得る。実際に、2020年度のメインオークション（対象需給年度2024年度）では、発動指令電源として415万kWの応札量があり、415万kWすべて落札された。落札された発動指令電源は、他の電源区分と同じく1万4137円/kWの約定価格を得られることから、DERの活用促進に大きく繋がることが期待される。また、2021年度のメインオークション（対象需給年度2025年度）においては、応札量は566万kWまで増加し、約定量の上限（475万kW）を超過したことから、実際の約定量は475万kWとなった。なお約定価格は、市場分断が起きたことから、5242円/kW（北海道エリア）と、3495円/kW（北海道・九州エリア以外）、5242円/kW（九州エリア）となっている。

DER 導入・活用に関わる直近の動き・今後の課題

　容量市場の直近の論点としては、調達量上限の見直しと、調整係数の設定、調達量上限超過時の同一価格の応札の見直し、1地点1電源区分の見直

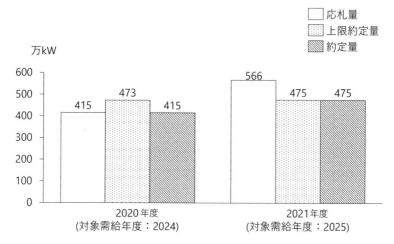

図2-9 発動指令電源の応札量・上限約定量・約定量の推移

凡例:
応札量
上限約定量
約定量

万kW

（グラフの値）
2020年度（対象需給年度：2024）：応札量 415、上限約定量 473、約定量 415
2021年度（対象需給年度：2025）：応札量 566、上限約定量 475、約定量 475

出所：電力広域的運営推進機関「容量市場メインオークション約定結果」より野村総合研究所作成

し、追加オークションの開催時期の見直しなどがある。

　2020年度の初回メインオークション（対象実需給年度：2024年度）では、発動指令電源は調達上限が3％と設定されていたが、2020年度の結果を踏まえて、2021年度メインオークション（対象実需給年度：2025年度）では4％に拡充された。なお、4％の内訳は、メインオークションでの調達量が3％、追加オークションでの調達量が1％である。しかし、2021年度のメインオークションにおいては、ゼロ円で応札したリソースの合計容量が上限である3％の枠を超えたことから、メインオークションと追加オークションの配分も含めて、発動指令電源の調達上限について資源エネルギー庁の電力・ガス基本政策小委員会 制度検討作業部会や、電力広域的運営推進機関の容量市場の在り方などに関する検討会・勉強会にて議論が行われた。[13][27]その結果、今後、発動指令電源として期待されるDR/VPPの活性化が期待されるなかで、さらなる市場参加者の拡大を促すため、メインオークション4％＋追加オークション1％の計5％を調達量上限とすることとなった。これは2022年度のメインオークション（対象実需給年度：

2026年度）から適用される。

　今後の発動指令電源の調達上限については、実効性テストの結果などから、発動指令電源の供給力が、どの程度見込めるかを把握したうえで検討する必要があるという意見が、制度検討作業部会にて出されている。[13]そして、制度検討作業部会の第七次中間とりまとめでは、実需給 2024 年度向けの実効性テストについて、電源などのリストの登録が2022年2月末に締め切られたが、契約容量約415万kW、128契約に対して、約11.5万kW、21契約が電源などリストを未提出であることや、電源などリストを提出しているものの、契約容量までリソースを確保できていない契約も想定されることから、今後の実効性テストの結果に留意が必要と整理された。

　また、2022年度のメインオークション（対象実需給年度：2026年度）からは、発動指令電源にも調整係数が設定されることとなった。調整係数は、落札電源に対価を支払うにあたって、各電源の供給信頼度を考慮したkW価値を評価するために設定されるものであり、安定電源を100％として、0〜100％の範囲で設定される。対象実需給年度2026年度における発動指令電源の応札上限容量が5％に引き上げられたことで、供給信頼度の面において安定電源と同等の貢献を評価するため、調整係数の設定が必要となった。発動指令電源が5％導入された場合の調整係数（対象実需給年度2026年度向け）は、北海道エリアが66.4％、東京エリアが94.9％、九州エリアが99.0％、その他エリアは100％となっている。[28]

　次に、発動指令電源の調達量上限超過時の同一価格の応札が複数存在した場合の約定処理については、現行どおり①約定・未約定をランダムに決定する案と、②調達容量を按分して約定する案、③期待容量登録の段階でリソース登録を確定している部分を先に約定し、残りは②を用いて按分して約定する案が制度検討作業部会で検討された。[13]それぞれメリット・デメリットがあるものの、新規参入の促進や、安定供給の観点から、現行どおり①の方針が示された。ただし、①の方針には、アグリゲーターから強い反発が示されていることもあり、今後のオークションの結果と実効性テス

トの結果を踏まえながら、引き続き検討することとされた。

　そして、これまでは託送供給等約款の計量地点単位（1地点1電源区分）で応札する整理が行われてきたが、安定電源と発動指令電源の組合せにおいては、1地点複数応札を可能とすることとなった。これにより、例えば、安定電源として供給力を提供可能な自家発電が、さらに需要抑制などにより供給力を提供できる場合は、安定電源と発動指令電源の同時に容量市場へ参加することが可能となる。この際、発動指令電源のベースラインは安定電源の契約容量値となる。なお、この変更は、2025年度向け追加オークションから適用（夏・冬の実効性テストに適用）される。

　加えて、追加オークションの開催時期については、DR事業者からはより実需給期間に近いタイミングでの要望が挙がっている。一方で、安定電源のように、より長い準備期間を要する電源もあることから、今後、必要な供給力を確実に確保することを前提としつつ、実効性テストの簡略化などを行うことで、より発動指令電源の参加を促すような見直しを行っていくことも想定される。

需給調整市場

制度・政策の概要

　前述のとおり、これまで一般送配電事業者は、エリア内の必要な調整力を調整力公募を通じて調達してきた。一方で、エリアを越えた広域的な調整力の調達・運用と、市場原理による競争活性化・透明化による調整力コスト低減を目的として、需給調整市場が開設された。広域調達・運用による調整力コスト低減とは、具体的には「複数の一般送配電事業者が協調し、エリアを跨いで広域的に調整力を調達することによる必要な調整力調達コスト（ΔkW）の低減」と、「協調して広域的に運用することによる調整力の総量の減少や運用コスト（kWh）の低減による調達コストの低減」が期待されている。[13]

　需給調整市場では、応動時間などに応じて、一次と二次①、二次②、三

次①、三次②の5つの商品が取り扱われる予定である。一次調整力は、応動時間10秒以内・継続時間5分以上の商品で、主に電源脱落対応や時間内変動用の調整力である。二次①は、応動時間5分以内・継続時間30分以上の商品で、一次と同じく主に電源脱落対応や時間内変動用の調整力である。二次②は、応動時間5分以内・継続時間30分以上の商品で、主に30分内残余需要インバランス用の調整力である。三次①は、応動時間15分以内・継続時間3時間の商品で、主に残余需要インバランス用の調整力である。三次②は、応動時間45分以内・継続時間3時間の商品で、主にFITインバランス用の調整力である。ここで、FITインバランスとは、FIT特例制度①・③における予測誤差から生じるインバランスである。FIT特例制度①では、一般送配電事業者が前日までに再生可能エネルギー出力を予測して小売電気事業者に配分し、小売電気事業者はそれを発電計画値として採用するため、実需給まで計画の見直しが行われない。そのため、一般送配電事業者は、前日から実需給の予測誤差に対応する必要が生じる。このうち、三次②は、前日からゲートクローズまでに生じた予測誤差に対応している。

　なお、需給調整市場において調整力を広域調達するためには、システム改修や連系線の運用変更が必要となることから、まずは、2021年度より低速域の三次②の広域調達が、2022年度より三次①の調達が開始された。その他の商品については、2024年度から取引が行われる予定である。また、これに伴い、調整力公募は2023年度に終了する。

　三次②について、2021年度の実績では、落札量が日平均約2669MW、落札単価が平均2.58円/kW・30分で、調達費用は日平均で約3.3億円（年間約1200億円）の取引が行われた。また、応札量が募集量に満たない日も多く、調達不足が度々発生したため、買い手である一般送配電事業者の募集量に比べ、落札量のほうが少ない結果となった。

　なお、三次②調達費用は、日平均で約3.3億円であったが、制度検討作業部会の試算では、仮に従来のように、当該期間の調達量をエリア内に限

図 2-10 調整力公募と需給調整市場、容量市場との関係

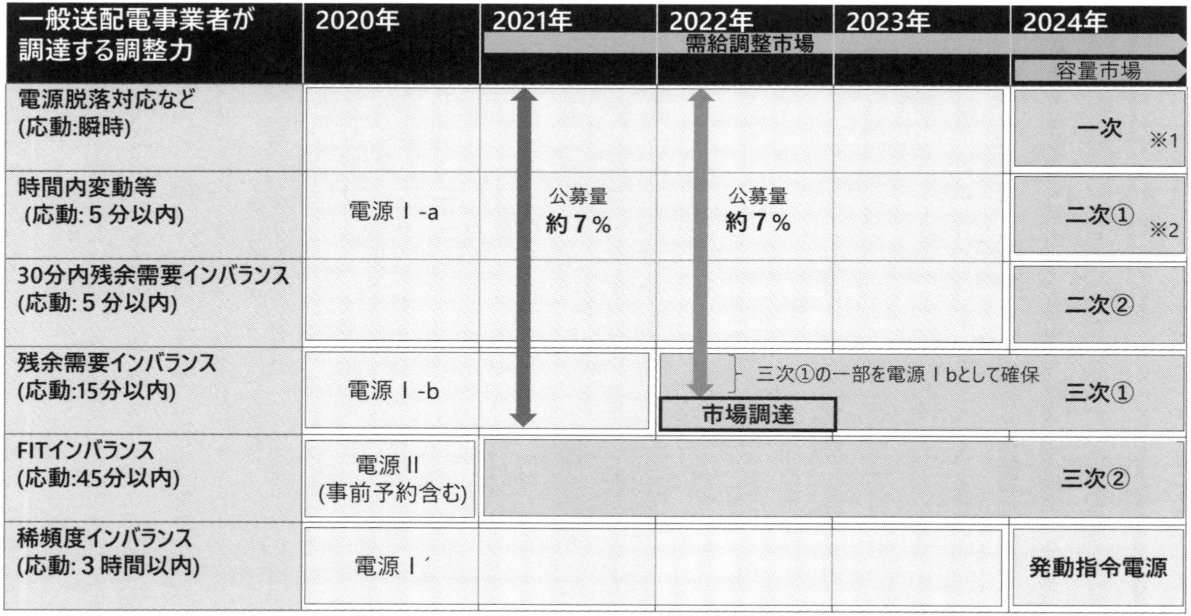

一般送配電事業者が調整する調整力	2020年	2021年	2022年	2023年	2024年
		需給調整市場			容量市場
電源脱落対応など（応動：瞬時）	電源Ⅰ-a	公募量 約7％	公募量 約7％		一次 ※1
時間内変動等（応動：5分以内）					二次① ※2
30分内残余需要インバランス（応動：5分以内）					二次②
残余需要インバランス（応動：15分以内）	電源Ⅰ-b		市場調達 三次①の一部を電源Ⅰbとして確保		三次①
FITインバランス（応動：45分以内）	電源Ⅱ（事前予約含む）				三次②
稀頻度インバランス（応動：3時間以内）	電源Ⅰ'				発動指令電源

※1 電源脱落対応用応動の調整力は、一次のほか、二次①及び三次①でも同様に調整する。
※2 時間内変動用の調整力は、二次①と一次で分担し調整する。
出所：電力広域的運営推進機関「需給調整市場検討小委員会（第27回）資料2」より野村総合研究所作成

定して調達した場合の調達費用は日平均で約4.7億円であることから、需給調整市場の広域調達によって30％程度の低減効果が上がっているとされている。[13]

DER活用の促進への貢献

　需給調整市場には、高圧以上のDRが参加可能となっていることから、DER活用の促進が期待される。資源エネルギー庁では、2016年度からDR/VPPの実証事業（需要家側エネルギーリソースを活用したバーチャルパワープラント構築実証事業費補助金など）を行っており、アグリゲーターの技術面の支援が行われてきた。その結果、2021年3月末時点で市場取引を行っている14事業者のうち、3事業者がDR事業者となっている。[13]

DER活用に関わる直近の動き・今後の課題

　2021年4月1日に需給調整市場が開設され、三次調整力②の取引が開始されたものの、複数のエリアで調達不足の状況が継続的に発生したことから、電力広域的運営推進機関の需給調整市場検討小委員会にて、調達不足の原因と対策が検討された。そして三次調整力②の市場ルールについて、(1)商品ブロック時間の見直しと、(2)下げ代不足対応、(3)応動時間の見直しが行われることとなった。[29]

　(1)商品ブロック時間の見直しとは、入札時間単位を現在の3時間/ブロックから30分/コマに短縮するというもので2025年度から適用予定である。ブロックが細切れとなった場合、ブロック間で調整力の持ち替えが必要となり、周波数調整に影響が生じる懸念があったことから、現在の入札単位は3時間と設定されている。一方で、DERなどの新規事業者の参入を促すためには、入札時間単位は短いほうが望ましく、また、三次②は供給力型商品であり、周波数調整に与える影響は限定的と考えられることから、応札量の増加に向けて、入札時間単位の時間を短縮することとなった。そして、応札する事業者のΔkW応札量を算定する基となる発電計画

が30分コマ単位で策定されていることや、三次②の発動指令やアセスメントⅡが30分コマ単位で実施されていることを踏まえて、30分／コマの入札時間単位に見直されることとなった。なお、一次〜三次①の入札時間単位についても、3時間から30分に見直す検討が進められている。

　(2) 下げ代不足対応とは、下げ代不足によりバランシンググループが停止をさせているユニットを、三次②に応札させるための対応であり、2023年度から適用予定である。

　(3) 応動時間の見直しとは、応動時間を45分から60分に変更するというもので、2025年度から適用予定である。応動時間は、一般送配電事業者が指令を発信してから、リソースが指令値に到達するまでの時間となるが、基本的に指令の発信はゲートクローズ以降、つまり実需給の1時間前以降となる。一方で、簡易指令システムを介して指令する場合や、電源Ⅱ契約を締結していないリソースへ指令する場合は、一般送配電事業者による発動判断及びシステム操作時間として15分程度を要することから、実受給から45分前に指令を受けることを想定し、三次②の応動時間は45分以内とされている。しかし、現状の市場取引の大宗を占めている既存電源は専用線で接続されており、かつ電源Ⅱ契約が締結されている。そのため、これら電源については、ゲートクローズ直後のメリットオーダー情報による指令発信が可能であり、応動時間を延ばすことで応札量の増加が見込める。そのため、簡易指令システムで接続しているリソースなども含め、応動時間を60分に延ばすこととなった。なお、応動時間を60分とした場合、簡易指令システムで接続するリソースに対しては、ゲートクローズ前のメリットオーダー情報を基に発動判断する必要があることに加え、インバランス価格にも連動するため、各種システム改修が必要となることから、これらの対応については引き続き検討が行われる。

　また、市場ルールの見直しに加えて、募集量の低減対策のひとつとして、エリアごとに確保している Δ kW の募集量に対してエリア間の不等時性を考慮し、複数エリアで共同調達するスキームが、2022年4月から導入され

ている。不等時性とは、三次②の必要量の算定基準となる3σ相当の再生可能エネルギー予測誤差について、複数エリア間で3σ相当の再生可能エネルギー予測誤差が同時に発生しないという考え方である。不等時性を前提とし、現状、各エリアごとに作成している三次②必要量算出テーブルについて、複数エリアを合成したデータでテーブルを作成し、それに基づいた三次②必要量を算出することで、三次②の募集量を低減できる。共同調達は、実運用において空容量が残存している蓋然性が高い連系線に接続しているエリアにて実施されており、東ブロック（東北・東京エリア）と中・西ブロック（北陸・関西・中国・四国・九州）にて行われている。そして、需給調整市場検討小委員会の試算では、2022年度の三次②の調達量について、共同調達を行うことによる年間調達量の低減効果は、東ブロックで21%減、中・西ブロックで8%減とされている。[29]

　ほかにも、三次②以外の商品も含めて主にDR事業者からの要望として、（ａ）ポジアグリの許可や、（ｂ）機器個別計測の許可、（ｃ）低圧アグリの許可、（ｄ）一次調整力のオフライン枠の拡大、（ｅ）高速な商品の開発などが挙げられている。[29]

　（ａ）のポジアグリとは、逆潮流（ポジワット）分のアグリゲーションのことであり、ポジアグリを評価対象とすることで、リソースからの供出量が増加する場合がある。ポジアグリについては、ポジアグリを需給調整市場で取り扱うにあたっては一般送配電事業者各社の精算システムの仕様変更などの期間も踏まえて、三次②は2023年度から、三次①は2024年度からの導入が目指されている。

　（ｂ）の機器個別計測は、制御対象のリソースを機器点で個別に計測した計量値によって、ΔkWやkWh評価を行うというものである。需要家内には、制御対象のリソースと制御対象外のリソース（制御対象外の需要や、太陽光発電のように自然変動する発電設備）が存在している。そのため、現在の受電点によるΔkWやkWh評価では、制御対象外のリソースの変動を考慮したうえで、受電点で指令に合致するように制御対象のリソ

ースを制御することが必要となる。この場合、制御対象外のリソースの変動量が大きければ、受電点での評価においては制御対象のリソースの制御効果が見えにくくなることから、制御対象リソースのみを機器点で評価する機器個別計測の要望が挙がっている。機器個別計測については、電気計量制度の合理化の詳細設計や、その他の関連諸制度の整理も踏まえて、調整力の評価方法や不正防止対策などについて、今後、議論が行われる予定である。

（ｃ）低圧アグリとは、低圧の一般家庭などにおける家庭用蓄電池、EV、空調、照明などの小規模リソースを、多数（数千〜数万以上など）アグリゲートして市場に参入するというものである。1.3.3項で確認したとおり、低圧リソースのポテンシャルは今後大幅に拡大するものの、現在の需給調整市場の市場設計では、低圧アグリは種々の問題が想定されるため、対象外となっている。具体的な問題としては、現在の市場設計は大口需要家のリソースをアグリゲートして参入することを前提としているため、事前審査やアセスメントの実施方法、需要家リスト・パターンの提出などは、低圧アグリのリソース数に実態的に対応していないことが挙げられる。ほかにも、逆潮流時の発電計画の考え方やインバランス算定方法など、低圧アグリ特有の制度面、運用面における新たな問題も想定されている。これを踏まえて、低圧アグリについては、機器個別計測などの課題達成後に、ビジネスモデルの検討が行われる予定である。

（ｄ）については、現在、一次調整力における応動監視方法として、一部認められているオフライン枠の上限量を引き上げるというものである。オフラインリソースについては、使用状態をリアルタイムに確認することが難しく、需給調整に与える影響が想定できないことから、現状では、容量市場における発動指令電源の調達上限の比率が引用され、オフライン枠の上限量が設定されている。この上限量引き上げについては、今後の応札状況やERAB検討会で進められるリソースの実力評価の結果などを参考に、オフライン枠が需給調整に与える影響を踏まえたうえで検討される予

定である。

（e）高速な商品とは、一次調整力の応動時間よりも短い商品のことである。諸外国では、再生可能エネルギーの大量導入に伴い、高速な調整力市場が新たに設立され、それによって蓄電池の導入・活用が進んだ事例もあることから、DER関連事業者から要望が挙がっている。この高速な商品については、今後、再生可能エネルギー比率が増大するなどによって高速の応動性能が必要な状況が顕在化した場合に、改めて検討することとなっている。

卸電力取引市場
制度・政策の概要・DER 活用の促進への貢献

卸電力取引市場とは、日本卸電力取引所（JEPX）が開設・運営する、電力量（kWh）の卸取引を行う市場である。JEPXでは、主要市場の一日前市場（スポット市場）のほかに、当日市場（時間前市場）や先渡市場などが開設されている。スポット市場は、翌日に受渡する電気の取引を行う市場であり、受渡前日に発電事業者が提出する発電販売と、小売事業者が提出する需要調達計画の最終調整の場である。当日市場は、当日に受渡する電気の取引を行う市場であり、翌日計画策定後に生じた不測の需給ミスマッチに対応するための場である。

2017年4月に、ネガワット取引市場が創設されたことで、JEPXにおいてDR/VPPの取引が可能となった。また、近年では、スポット市場の価格が上昇しており、DR/VPPの経済性が大きく向上する環境にあることから、卸電力取引市場によるDERのさらなる活用促進が期待される。

追加供給力公募・追加電力量公募
制度・政策の概要・DER 活用の促進への貢献

夏季や冬季に、安定供給に必要な予備率を確保できない可能性がある場合、追加供給力公募（kW）や追加電力量公募（kWh）が行われる。これま

で行われてきた追加供給力公募や追加電力量公募では、DRの参加も可能
であり、DERの活用の促進に寄与している。

　2021年4月に電力広域的運営推進機関が行った冬季の需給見通しでは、
厳寒H1需要に対し、東京エリアの2022年1月、同年2月の予備率が3％
を下回る見通しであったことから、東京電力パワーグリッドが実施主体と
なり、2021年度の冬期向けに追加供給力公募を実施した。55万kWの募集
量（最大80万kW）に対して最終的に63万kWが落札されたことで、東京
エリアの冬の予備率は2.3％から3.1％（1月）、2.0％から3.2％（2月）に
改善した。このうち、DRは5.2万kWが落札されている。

　また、需要動向や電源の稼働状況が見込みと大きく異なった場合などに
備え、沖縄を除く一般送配電事業者9社によって、2021年度の冬期向けの
kWh公募も実施された。2021年11月22日から同年12月6日まで入札を
行い、12社の応札事業者のうち、4社が落札した。落札電力量は、合計で
4.19億kWhとなるが、そのうちDRは0.02億kWhであった。

　それぞれの公募について、資源エネルギー庁の電力・ガス基本政策小委
員会や、電力・ガス取引監視等委員会の制度設計専門会合において、実際
の稼働の検証が行われた。[21][26]

　東京エリアでは、指令に基づき電源・DRともに東京エリアの供給力に
大きく貢献したとされている。追加供給力公募においてDRは、5.2万kW
が調達され、発動があった3日間の合計供出電力量は78万kWhとなった。

　一方で、制度設計専門会合の検証では、一部のDRの案件では未達度合
が大きかったことが報告されている。そして、その理由として、年明けの
稼働から自家発電が不調であったことや、積雪のために系統からの解列を
余儀なくされ対応できなかったことが挙げられている。こうしたDRの未
達リスクは、事前に定量的に把握するところが難しいものの、DRのさら
なる安定供給への寄与に向けて、今後の改善が望まれている。

　需給両面での不確実性や燃料調達リスクの高まりを踏まえ、2022年度
夏季に向けても、供給力（kW）及び電力量（kWh）の追加公募が行われた。

図 2-11　東京エリアの 2021 年度追加供給力公募と一般送配電事業者 9 社の 2021 年度追加電力量公募の結果

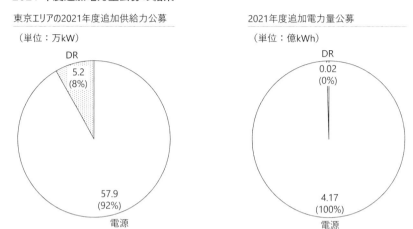

東京エリアの2021年度追加供給力公募

（単位：万kW）

2021年度追加電力量公募

（単位：億kWh）

出所：電力・ガス取引監視等委員会「制度設計専門会合」より野村総合研究所作成

図 2-12　北海道・沖縄を除く全国 8 エリアの 2022 年度追加供給力公募と沖縄を除く全国 9 エリアの 2022 年度追加電力量公募の結果

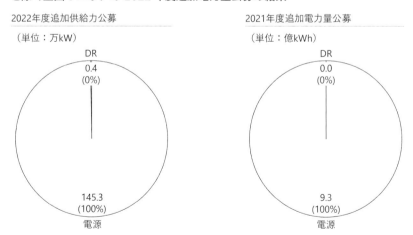

2022年度追加供給力公募

（単位：万kW）

2021年度追加電力量公募

（単位：億kWh）

出所：電力・ガス取引監視等委員会「制度設計専門会合」より野村総合研究所作成

供給力は、北海道・沖縄を除く全国8エリア共同で120万kW、電力量は、沖縄を除く全国9エリア共同で10億kWhを募集した。その結果、追加供給力公募では0.4万kWのDRが調達された。一方で、追加電力量公募ではDRは調達されなかった。

非化石価値取引市場・再生可能エネルギー価値取引市場
制度・政策の概要

　2.1.1項で確認したとおり、第4次エネルギー基本計画が2014年4月に閣議決定されたのち、総合資源エネルギー調査会基本政策分科会長期エネルギー需給見通し小委員会が設置され、長期エネルギー需給見通しが検討・策定された。その結果は2015年7月に公表されたが、当時のエネルギー需給見通しでは、2030年度の電源構成が再生可能エネルギー22〜24%、原子力20〜22%と設定されていた。これを踏まえて、2016年に高度化法（エネルギー供給事業者による非化石エネルギー源の利用及び化石エネルギー原料の有効な利用の促進に関する法律）の目標見直しが行われ、小売電気事業者（大手電力・新電力）の非化石電源比率目標（2030年度）は44%以上（再生可能エネルギー＋原子力）と設定された。一方で、非化石電源を持たない事業者や取引所取引の割合が高い新規参入者にとって、この目標達成は困難とされたことから、2017年2月に非化石価値取引市場の創設が決定された。これにより、非化石価値取引市場を通じて、再生可能エネルギーや原子力のような非化石発電方式の電気による非化石価値を証書化し、取引することが可能となった。

　従来の非化石価値取引はFIT証書（再生可能エネルギー指定）、非FIT証書（再生可能エネルギー指定、指定なし）の3種類が存在した。そして、FIT証書の売上はFIT賦課金の低減に、非FIT証書の売上は非化石電源の設備投資などの非化石電源の利用促進に充てていくこととされていた。非化石価値取引市場には、関係者それぞれのメリットが存在した。具体的には、小売電気事業者にとっては非化石電源調達目標（2030年度44%）の

達成が後押しされること、電力需要家にとっては、消費電力の非化石化や
FIT賦課金の軽減（FIT非化石証書の売上を活用）が促進されること、発電
事業者にとっては、非化石電源の設備投資などへの活用が促進されること
などのメリットがある。

　その後、世界的な脱炭素化への取り組みが加速化し、日本においても
2050年カーボンニュートラル宣言がなされたことで、既存の非化石価値
取引制度における証書の利便性の向上や、需要家における非化石価値証書
へのアクセス環境の改善を求める声が多く出てきた。こうした再生可能エ
ネルギー電気の需要家のニーズの高まりに対応するため、FIT証書を取引
する再生可能エネルギー価値取引市場が創設された。再生可能エネルギー
価値取引市場の特徴としては、小売電気事業者に加えて仲介事業者や需要
家の直接購入が可能となったことや、最低価格が1.3円/kWhから0.3円/
kWh価格に引き下げられたこと、発電事業者側の同意を不要とし、買取
実績のあるFIT電源に対して全量がトラッキングされていることなどが挙
げられる。

DER導入・活用の促進への貢献

　第33回での制度検討作業部会において、アグリゲーターは、発電事業
者に準ずる者として整理され、非FIT電源からの調達分については、ア
グリゲーターによるオークション市場での入札を認めることとされた。非
化石価値証書は、再生可能エネルギーアグリゲーションの取引材料のひと
つであることから、非化石価値証書の取引環境の整備は、再生可能エネル
ギーアグリゲーションの活性化にも寄与し、ひいてはDER活用の活性化
に寄与すると考えられる。

DER導入・活用に関わる直近の動き

　2021年11月（2021年度第2回）より、仲介事業者や需要家の直接参加を
可能とした再生可能エネルギー価値取引市場が開始された。これにより、

2020年度分までの約定量と比べて大幅に約定量が増加し、2022年度第1回のオークションでは約33億kWhの取引が行われている。一方で、平均約定価格はほぼ底値（0.3円/kWh）に張り付いている。

　一方で、非FIT非化石証書については、2021年度分から高度化法義務市場が開設され、再生可能エネルギー指定と再生可能エネルギー指定なし、ともに平均約定価格は、ほとんどの回で0.6円/kWhとなっている。

長期脱炭素電源オークション
制度・政策の概要

　電源の老朽化が進むなか、2050年カーボンニュートラルを実現するうえで、安定供給を持続的に行っていくためには、中長期的に脱炭素電源への新規投資を促していくことが必要となる。また、足下では、老朽火力を中心とした電源の退出が進み、供給力が低下するなかで、電力需給のひっ迫が度々起こっており、安定供給上のリスクや大幅な価格高騰リスクが生じている。こうした背景により、長期脱炭素電源オークションの創設が電力・ガス基本政策小委員会制度検討作業部会にて検討されている。長期脱炭素電源オークションにより、発電事業者に対しては、投資の予見可能性を確保して脱炭素電源への投資を着実に促し、需要家に対しては、脱炭素電力の価値を提供するとともに、中長期的な観点から安定供給上のリスクや価格高騰リスクを抑制することが期待される[13]。

　長期脱炭素電源オークションは、容量市場の一部として位置付けられる。現行の容量市場では、調達不足の場合や、事前に決まっていない政策的な対応などを行う場合は、特別オークションを開催することとされており、長期脱炭素電源オークションはこの特別オークションにあたる。容量市場との大きな違いとしては、長期脱炭素電源オークションの対象は新設の脱炭素電源である点や、最低入札容量が基本的に10万kWである点、制度適用期間が基本的に20年である点などが挙げられる。

　長期脱炭素電源オークションの対象は、「発電・供給時にCO_2を排出し

図 2-13 再生可能エネルギー価値取引市場の結果推移

出所：日本卸電力取引所「非化石価値取引市場取引結果」より野村総合研究所作成

図 2-14 高度化法義務市場の結果推移

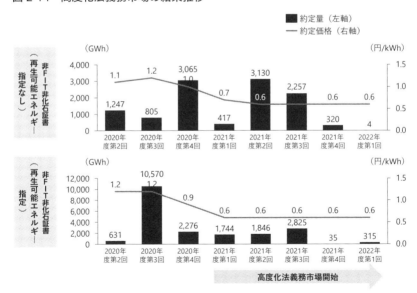

出所：日本卸電力取引所「非化石価値取引市場取引結果」より野村総合研究所作成

ない電源（脱炭素電源）への新規投資」とされ、CO2 の排出防止対策が講じられていない火力発電所（石炭・LNG・石油）を除く、あらゆる発電所（一定の基準を満たすバイオマスや合成メタンなど、発電時に CO2 を排出するものの、発電前に温室効果ガスの削減に寄与する燃料を利用する電源を含む）・蓄電池の新設案件やリプレース案件への新規投資が想定されている。ここで、アンモニア・水素の混焼については、アンモニア・水素混焼を前提とした LNG 火力の新設案件と、既設の石炭・LNG 火力をアンモニア・水素混焼にするための改修案件も対象となる見込みである。

　長期脱炭素電源オークションの最低入札容量は、基本的に10万 kW（送電端設備容量ベース）とされている。これは、10万 kW が全電源種で初期投資額が100億円を超える目安であることや、2022年5月に改正された電気事業法における電源の休廃止の事前届出において10万 kW 以上の電源は影響が大きいとみなされていること（それゆえに、10万 kW 以上は休廃止予定日の9カ月前、10万 kW 未満の電源は10日前の届出とされている）などが理由となる。

　長期脱炭素電源オークションの制度適用期間は、全電源種共通で20年を基本とすることと整理されている（2022年10月、執筆時点）。

DER 導入・活用の促進への貢献

　長期脱炭素電源オークションでは、前述のとおり、系統用蓄電池も対象となっており、長期脱炭素電源オークションによって系統用蓄電池の導入・活用の促進が期待される。

　なお、系統用蓄電池については、他電源と異なり、最低入札容量が1000kW（送電端設備容量ベース、放電可能時間3時間以上）とされている。これは、直近の系統用蓄電池の導入状況を踏まえた結果である。

DER 導入・活用に関わる直近の動き・今後の課題

　長期脱炭素電源オークションの具体的な募集量は今後検討される予定で

ある。現状の方針としては、長期脱炭素電源オークションのみで脱炭素電源の導入を行っていく訳ではない点や、今後のさまざまなイノベーションにより、より効率的に脱炭素電源を導入することが可能となる可能性がある点などから、スモールスタートを基本とするとされている。このなかで、系統用蓄電池については、供給力としての価値が限定的であることから、募集量に上限を設ける方針が示されている。

ローカルフレキシビリティ
制度・政策の概要

日本では、送電レベルにおいて「日本版コネクト＆マネージ」などの再生可能エネルギー導入を促進するための取り組みが着実に進められているが、海外では、配電用変電所以下のDERを積極的に制御し、DERによるフレキシビリティを活用することで、配電レベルでの系統混雑の解消などを行い、再生可能エネルギー導入を促進する動きが始まっている。これを「ローカルフレキシビリティ」と称し、新エネルギー・産業技術総合開発機構（NEDO）では、2020年度からローカルフレキシビリティプラットフォーム構築に係るフィージビリティスタディ事業を行っている[30]。具体的には、国内・海外調査を通じて、今後、日本が取り組むべきDERフレキシビリティ活用システムの在り方の整理や、ユースケースの検討とそれを踏まえたDERフレキシビリティ活用システムに対する要件の整理、今後、必要な技術開発項目と実施すべきプロジェクトの内容の検討などが行われている。

変わり続けるDER関連制度・政策

　本章では、国内におけるDERの普及・活用促進に係るさまざまな制度・政策を紹介し、それらが、大きく変化をしてきていること及びDER関連ビジネスに大きな影響を与えてきていることを述べた。このように、わが国におけるDER関連制度・政策が変化し続けてきている要因のひとつとしては、電力システム改革が挙げられる。東日本大震災以後、電力システム改革の議論が活発化し、2015年の電力広域的運営推進機関設立、2016年の小売全面自由化、そして、2020年の送配電部門の法的分離と段階的に電力システムの根幹にかかわる変革がなされてきた。2020年以降も、より公正な競争・効率的な運用を促すために、需給調整市場や容量市場の設立・整備などの大きな制度変更が続いてきている。

　一方、欧米の先進市場では、日本の電力システム改革が実施してきている全面自由化・送配電分離、需給調整市場・容量市場の設立などは、国・地域によっては10数年前に既に実施されてきてる。しかし、それらの先進市場においても、依然DER関連の制度は、大きく変化をし続けている。これは、環境問題対応や技術進展などによりDERが大きく普及をしてきたことを発端に、自然変動再生可能エネルギーの拡大により系統運用上の課題が生じており、DER活用の重要性が高まっていることを背景にしている。すなわち1章において国内の状況として述べたことと同じ状況が、一昔前に電力システム改革を遂行した欧米などの先進市場においても生じており、その対応のために、改めて電力システムの見直しを迫られているといえる。

　例えば、米国カリフォルニア州では「CAISO（California ISO）」と呼ばれる独立系統運用機関が1996年には設立され、1990年代には既に需給調整市場に該当する市場（Ancillary Service Market）が運営されていた。そして、

2000年代には既にアグリゲーターを活用したDRプログラムなどが実施されており、2010年には市場にDRが直接参加可能なルールも整備された。

　このようにDRの活用を含む市場ルールが、日本よりも10数年早く整備されてきた米国カリフォルニア州であるが、DERのさらなる普及拡大と（高名な「ダックカーブ」に代表されるような）系統問題に対応するべく、DER関連の市場制度を近年も変化させ続けてきている。その代表例として、「Energy storage and distributed energy resources (ESDER)」というイニシアティブが挙げられる。ESDERは、2015年4月に検討が開始され、その後、4つのPhaseに分けて、蓄電リソースやDRなどに関する制度・運用ルールの変更が段階的になされてきた。具体的には、まずPhase1においては、蓄電リソースを対象にした市場参加形態の新設や、DRの機器点計測の評価オプションなどを新設した（2016年11月施行）。次いで、Phase2においては、DRの新たな評価方法として、コントロールグループ法の追加や、ネットベネフィットテストの改定を行った（2018年11月施行）。Phase3では、蓄電池とEV充電設備を対象にしたDRにおける新たな参加形態・評価方法の設定、DRリソースの参加要件の変更及びDRリソースの新たな入札オプションを追加した（2019年11月及び2020年10月施行）。そして、Phase4では、DRの新たな運用パラメーターの設定、系統機関としての蓄電池の状態管理方法の変更及び入札ルールの変更などを行った（2021年10月施行）。[31]

　以上のように、米国カリフォルニア州では、ESDERに関わる制度変更のみを見ても、DER運用に関わる大きな制度変更が1、2年おきに何度も行われてきている。また、ESDER関連以外でも、2020年以来継続する電力ひっ迫なども背景に、DERに関わる電力制度の変更は、随時実施されてきている。

　制度が大きく変化し続け、かつ、その工程が必ずしもクリアでない場合、その制度に依拠する事業を行う企業は、中長期的な事業計画を立て、積極的な投資や人員強化を行うことが難しい。そのため、事業者にとっては、DER制度が変わり続ける事業展開上、望ましい状況ではないだろう。しか

し、前述のとおり、日本が東日本大震災以降に進めている電力システム改革を既に一昔前に実現してきた欧米の先進市場においても、DERに関する変化に対応するために、絶えず制度を変更してきている。このことから、電力システム改革とDER対応を同時に進めなくてはならない日本国内において、DER関連制度が継続的な変化を余儀なくされ、かつクリアな工程の提示が必ずしも容易ではないことについては、一定の理解ができる。そのため、当該領域における事業を行う事業者は、継続的かつ一定の不透明性のある制度変化を前提として、事業展開を行うことが必要である（詳しくは5章参照）。

3

DER関連サービス動向

前章では、DERの導入・活用に関連する制度・政策がここ数年で整備されてきており、かつ、今後もさらなるDERの導入・活用に向けた検討がなされていることを見てきた。これに加えて、2020年10月のカーボンニュートラル宣言を機に、DER活用に対する関心や需要家のニーズが高まっていることも相まって、国内においてもDERを活用したサービスが数多く登場してきている。

　拙著『エネルギー業界の破壊的イノベーション』刊行時の2018年頃は、DERを活用したサービスは主に欧米など一部の先進的な国・地域を中心に見られ、国内プレーヤーの動きは相対的に限られていた。しかし、それが環境変化を受けて国内においてもDER関連サービスが顕在化・拡大しつつある。

　本章では、DER関連サービスの全体像を整理したうえで、それぞれのサービスの概要や国内での事例について紹介したい。

3.1　DER関連サービスの全体像と提供価値

　図3-1に、DER関連サービスを、当該サービスが対象とするDERの種別と、当該サービスが提供する価値の2軸で整理したものである。

　DER関連サービスの提供価値について、本書では、表3-1に示すように「⊿kW価値」、「kW価値」、「kWh価値」、「環境価値」、「その他の価値」で整理している。

　「⊿kW価値」とは、秒単位から数時間単位など、短時間で出力調整を行えることの価値を指し、需給調整市場に対して調整力を提供したり、産業需要家などの瞬停・瞬低対応などが該当する。一般に、太陽光や風力など分単位で出力が変動する電源が増えてくると、電力系統の需給バランスを取るために調整力が必要となり、⊿kW価値（具体的には需給調整市場での取引価格）が高くなる傾向にあるため、今後、再生可能エネルギーが拡大する国内においても重要性が増していくことが想定される。

図 3-1　DER 関連サービスの全体像

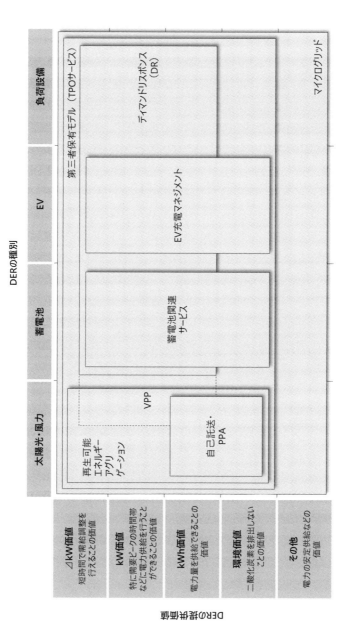

DERの種別

太陽光・風力	蓄電池	EV	負荷設備

第三者保有モデル（TPOサービス）

ディマンドリスポンス（DR）

EV充電マネジメント

蓄電池関連サービス

VPP

再生可能エネルギーアグリゲーション

自己託送・PPA

マイクログリッド

DERの提供価値

⊿kW価値
短時間で需給調整を行えることの価値

kW価値
特に需要ピークの時間帯などに電力供給を行うことができることの価値

kWh価値
電力量を供給できることの価値

環境価値
二酸化炭素を排出しないことの価値

その他
電力の安定供給などの価値

＊各サービスの提供価値の範囲などは目安。サービス内容によっては提供価値の範囲などが異なり得る。
出所：野村総合研究所作成

117

表3-1　DER 関連サービスの提供価値

分類	サービス	提供価値
ΔkW価値	需給調整市場	需給調整市場へ入札し、市場から収益を獲得
	UPS・瞬低	産業用需要家の生産ラインなどの安定運用のために、瞬低対策としてDERを利用
kW価値	容量市場	容量市場へ入札し、市場から収益を獲得
	容量拠出金の削減	小売事業者のピーク電力の削減により、費用負担を削減
	ピークカット（契約料金削減）	需要家の電力需要のピークの時間帯に電力を供給し、契約電力を引き下げることで電気料金を削減
kWh価値	電力供給	需要家などに電力量を供給することで収益を獲得
	BGインバランス回避	小売事業者などが、発電量や需要量の計画値に実績値を合わせるためにDERの運用を行い、インバランス料金を回避
	電気料金メニューの単価差を活用した従量料金削減	電気料金が安い時間帯にDERに電力を貯め、高い時間帯に電力供給することで、電気料金差分の従量料金を削減
	卸電力市場	卸電力市場へ入札し、市場から収益を獲得
	自家発電設備の自家消費による電気料金削減	太陽光発電などのDERからの電力を自家消費することで、系統から購入する電気料金を削減
環境価値	再生可能エネルギー最大利用	RE100対応などを目的に、再生可能エネルギー利用を最大化
その他	レジリエンス向上	停電時応などに電力を一定時間（数時間など）供給
	系統混雑回避	系統混雑している送配電網において、蓄電池の充電を行うことで、系統混雑を回避

出所：野村総合研究所作成

　一方、「kW価値」とは、電力需要がピークの時間帯などに電力を供給することができることの価値を指し、容量市場に対して供給力を提供したり、需要家が電気料金を引き下げるために電力需要が大きい時間帯に自家発電を利用して契約基本料金（kWあたりにかかる電気料金）を引き下げたりすることなどが該当する。太陽光発電や風力発電が普及し、従来型の火力発電設備が減っていくことで、ピーク時間に対応可能な設備容量の低下が懸念されており、今後、ピーク時間帯に供給力を提供できるkW価値が高まってくることが想定される。

　また、「kWh価値」とは、電力量を供給することの価値を指す。従来型の電力小売もkWh価値を提供するサービスとして位置付けられるが、昨今は、再生可能エネルギーのkWh価値に証書などの形で環境価値が紐付けられており、需要家が調達するニーズが高まってきている。DER関連サービスでは、かつては⊿kW価値やkW価値が主な収益源だったが、昨今は、卸電力価格の高騰に加えて環境価値取引が広がりつつあることから、kWh価値・環境価値に着目したサービスなども台頭しつつあることが特徴である。

　そのほか、DER関連サービスには、レジリエンス向上や系統混雑回避などの提供価値も期待されている。

　ここまで挙げた⊿kW価値、kW価値、kWh価値などの多くは、いずれもこれまで大型の発電設備を中心に提供されてきたが、DERの普及拡大に伴い、近年は、DER関連サービスがその価値提供の一翼を担うようになってきている。図3-1からも、本書で紹介する各種DERサービスで各種の価値提供を行えることが見て取れる。なお、いずれのサービスも、単一の価値ではなく、複数の価値の提供が可能である。

　また、図3-1は、各種DER関連サービス間で対象とするDERや提供価値に重なりが多いことも示している。これは、そもそもそれぞれのDER関連サービスの定義の中に他のサービスの要素が内包されていることを示しているが、さらに、それぞれのDER関連サービスが互いに親和性が高

いことも表している。例えば、蓄電池関連サービスを提供する事業者が蓄電池のTPOサービスを合わせて展開していたり、VPP事業者が再生可能エネルギーも制御対象に取り入れる形で再生可能エネルギーアグリゲーションも展開しているケースも多い。次節で述べるサービス事例でも、単一のDER関連サービスではなく、それ以外のDER関連サービスも合わせて提供している例が多いのは、サービス間の親和性が高いことも一因である。

3.2 DER関連サービス概要と事例

　本節では、それぞれのDER関連サービスの概要や国内におけるサービス事例を紹介する。なお、本節で取り上げるサービス事例は、筆者らが任意で取り上げたものであり、本書で記載した事例以外にも多数のサービスが台頭していることにご留意いただきたい。

3.2.1　蓄電池関連サービス

①サービス概要
　蓄電池関連サービスは、蓄電池の設置場所によって「フロント・オブ・ザ・メータ（FTM：Front of The Meter）」と「ビハインド・ザ・メータ（BTM：Behind The Meter）」の2つのビジネスモデルに類型化できる。
　FTM蓄電池は、変電所に設置されるなどして電力系統に直接接続され、需給調整市場や容量市場に入札し、必要なタイミングで充放電することで、市場から収益を獲得するモデルである。後述するBTM蓄電池よりも、比較的まとまった用地の確保が可能となるケースが多いことから、活用される蓄電池には大容量のものも多く、100MWhを超す規模のプロジェクトも存在する。
　グローバルで見れば、FTM蓄電池サービスは、2012年頃から米国PJM

などで台頭してきた。当時、PJMの需給調整市場に制度変更が施され、蓄電池のように指令に対して高速かつ正確に応答できるリソースに対して高い報酬を支払う市場が設置されたことが、FTM蓄電池が普及した大きな要因となった。国内においても、需給調整市場にて一次調整力など高速な応答が求められる市場の設立が予定されており、FTM蓄電池市場の立ち上がりが期待されている。FTM蓄電池の事業者としては、こうした市場において市場価格動向を予測しながら最適な入札戦略を作成し、その戦略に応じて最適に蓄電池の充放電運用を行うことが事業運営上重要である。

　別の視点で見れば、FTM蓄電池事業は、需給調整市場の動向次第で収益性が大きく左右される事業ということも意味する。前述のPJM市場では、需給調整市場の価格が高騰してFTM蓄電池事業者の参入が相次いだため、数年で市場が飽和し、市場価格が一気に低下することとなった。一般に需給調整市場の中でも高速の応答が求められる調整力は、需要規模が必ずしも大きくないため、プレーヤーの市場参入が進めば各プレーヤーにとっての事業性が悪化するリスクがある。このような事情から、FTM蓄電池はマーケットリスクを適切に評価しながら、市場参入や事業運営を行うことが必要になる。

　なお、FTM蓄電池の分野では、これまで世界的に主流であった需給調整市場などへの入札を目的とした蓄電池とは別に、再生可能エネルギー発電所併設や長期エネルギー貯蔵技術など、新しいモデルの事業も米国などでは台頭しつつある。例えば、北米では、ユーティリティが再生可能エネルギーの調達に際して、再生可能エネルギー事業者とPPAを締結するケースが増えてきているが、再生可能エネルギー電源・蓄電池の価格が低減していることに加えて、蓄電池に対する投資税控除などもあって、再生可能エネルギー事業者が蓄電池を併設するケースが増えてきている。国内においても2021年11月、ジャパン・リニューアブル・エナジー社が蓄電池併設の太陽光発電所の建設を開始したが、[32]太陽光発電や風力発電などの間欠性の電源が系統に接続される際には、系統側での対応が必要となること

から、同様な案件が国内でも拡大していく可能性がある。

　ここまでFTM蓄電池に関して述べてきたが、需要家側で今後、市場の伸びが期待されるのがBTM蓄電池である。BTM蓄電池は、文字どおり電力量計の後ろ、すなわち需要家側に設置された蓄電池を活用したサービスで、蓄電池を適切なタイミングで充放電し、需要家の電気料金を削減することで、需要家から収益を獲得するモデルである。住宅やビル、工場敷地内に設置されるため、FTM蓄電池と比べれば容量規模は小さくなる傾向にある。電気料金の削減方法にはいくつか方法があるが、例えば、需要家の電力需要ピークの際に放電することで需要家の電気料金（契約基本料金）を引き下げたり、屋根置き太陽光などの余剰電力を充電することで電力会社などからの電力購入量を減らしたりすることが考えられる。また、BTM蓄電池を活用して、アグリゲーターなどを介して前述の需給調整市場や容量市場などに入札し、収益を獲得するモデルも想定される。

　BTM蓄電池を活用したサービスでは、需要家の電力消費のパターンや市場価格などに応じて、適切なタイミングで蓄電池の充放電を行うことが事業運営上の肝となる。そのため、BTM蓄電池事業者は、需要家の電力需要ピーク時間帯や電力市場価格などの予測機能や、蓄電池の寿命に考慮した充放電アルゴリズムが求められる。近年は、これらの機能を蓄電池にソフトウェアとしてあらかじめ搭載しているケースも増えてきている。

②サービス事例

　蓄電池関連サービスでは、FTM蓄電池、BTM蓄電池のいずれも、国内事例が登場してきている。

　FTM蓄電池サービスの分野は、大型発電設備の運用などに長けた電力会社や再生可能エネルギー事業者などが参入している。FTM蓄電池サービスの例として、グローバルエンジニアリング社の「北海道・千歳バッテリーパワーパーク」の事例が挙げられる。

　2021年8月、グローバルエンジニアリング社は、エネ・ビジョン社を

図3-2 FTM蓄電池事業者のビジネスモデル

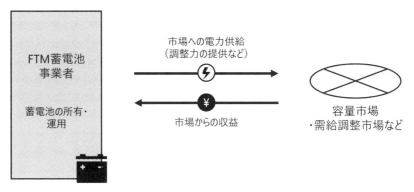

出所：野村総合研究所作成

EPCのパートナーとして、日本初の蓄電池発電所「北海道・千歳バッテリーパワーパーク」を建設すると発表した。[33]Tesla社の大型蓄電池システムMegapackを活用し、卸電力市場、需給調整市場、容量市場へ参加するとしている。蓄電池発電所単体のビジネスモデルとしては、図3-2のようになることが想定される。

　なお、グローバルエンジニアリング社は、同社がアグリゲーターとなり、前述の蓄電池を含め、太陽光発電などの再生可能エネルギーやDRなどを同一のバランシンググループ内で運用することで、再生可能エネルギー電源の出力の変動を吸収し、出力の安定化を図るとしている。

　同案件でも蓄電池メーカーとして採用されたTesla社は、蓄電池容量に応じていくつかの蓄電池システムを販売しているが、同社のMegapackはコンテナに蓄電池、パワーコンディショナ、温度管理システム、制御機構などが、すべてパッケージ化されているのが特徴である。系統用などの大型蓄電池においては、従来よりGreensmith社などのように市場入札を含めた制御ソフトウェアを専業とした事業者が蓄電池メーカーとは別に存在していたが、近年は、蓄電池システムの中に制御アルゴリズムなどが内蔵されるケースも出てきている。これは、蓄電池メーカーが付加価値の高い

制御機能を内製化することを志向しているためであり、この傾向は、今後も続いていくことが想定される。なお、Greensmith 社は、2017 年にフィンランドのエンジンメーカー Wartsila 社に買収されている。

　一方、BTM 蓄電池の分野は、業務・産業用と住宅用それぞれで幅広いプレーヤーが参入している。BTM 蓄電池は、屋根置き太陽光の自家消費用途で活用されることも多いため、BTM 蓄電池を手掛ける事業者は、合わせて太陽光も展開しているケースが多い。

　ネクストエナジー・アンド・リソース社は、2003 年に設立された太陽電池を展開するプレーヤーだが、産業用と住宅用それぞれについて、蓄電池を展開している。住宅用蓄電池に関しては、需要家の嗜好に応じて、売電による経済メリット獲得を目的とした「経済モード」、外部からの購入電力を減らす「自家消費モード」、非常時に備えて待機する「バックアップモード」、HEMS と連携する「HEMS モード」の 4 つの運転モードを搭載するなど、幅広いアプリケーションに対応できるような仕様としている。[34] 産業用蓄電池でも同様に、太陽光発電の電力を優先的に活用する「自家消費モード」、最大電力が設定値を超えないように放電する「ピークカットモード」、設定値で充放電を行う「固定電力モード」、曜日ごとに充放電スケジュールを組める「スケジュールモード」、停電時に特定負荷へ電力を供給する「オフグリッドモード」を用意している。[35]

　伊藤忠商事が展開する住宅用蓄電池「Smart Star」は、家庭ごとの生活パターンを AI が学習し、気象情報も取り入れたうえで充放電のタイミングなどを自動で最適化するようなソフトウェアを搭載している。[36]

　FTM 蓄電池と BTM 蓄電池のいずれも、太陽光発電などの再生可能エネルギーの増大が導入の一因となっていることから、今後も再生可能エネルギーの増加に伴って導入量の増加が想定される。特に BTM 蓄電池は、オンサイト太陽光の導入量が増加するなかで大幅に市場が拡大していくものと思われる。今後も BTM 蓄電池事業において、蓄電池そのものの価格競争力に加えて、充放電制御アルゴリズムの巧拙や、蓄電池を需要家に展

開するためのチャネルが重要な競争力となっていくことが想定される。

3.2.2 EV充電マネジメント

①サービス概要

　EVに代表される電動車は、走行のために大容量の蓄電池を搭載しているため、停車時などに車載電池の制御ができれば、BTM蓄電池と同様に運用することが可能である。例えば、帰宅後などにEVが家庭に接続されているとき、電気料金の高い時間帯や電力需要のピークの時間帯には、充電を避けるようにして、電気料金の高騰を抑えることなどが考えられる。これが「EV充電マネジメント」である（ここでは、便宜上、EV以外の電動車の充電マネジメントも含み「EV充電マネジメント」と呼ぶ）。

　EVは、今後導入台数が増加していくことが想定されるが、多数のEVの充電時間が重複すると、当該時間帯の電力需要が大きくなり、供給力不足に陥る可能性が指摘されている。特に自家用EVの場合、夕方から夜の帰宅時刻頃に多くのEVが同時に充電されることで、当該時間帯の電力需要が伸びる一方、同時間帯に太陽光発電の供給力が一気に低下してしまい、供給力が不足する可能性が考えられる。そのため、EVの充電時間を、電源の供給力に余裕のある深夜帯などにずらすなどして、系統の電力需要を平準化することが考えられる。

　このように、「EV充電マネジメント」と「BTM蓄電池」は、サービス運用上は似通っている点が多いが、いくつかの点で違いが存在する。

　1点目として、今後、EVをDERとして活用するサービスに関しては、当面、EVへの充電の時間帯などを制御することが主で、EVから家庭や建物への放電にはいくつかハードルがある。EVから家庭へと電力を流す「V2H（Vehicle to Home）」や、系統へと流す「V2G（Vehicle to Grid）」を実施する際には、EV充電器とは別に、インバータなどから構成されるV2Hシステムなどを導入する必要があるが、足元では比較的高価なもの

も多い。また、EVから家庭や系統などへと放電することに関しては、EVユーザにとっては電池の劣化や電欠などに対する不安も大きいとのアンケート結果も存在する。[37]

　2点目として、当然ながら、EVは移動用途で活用されるため、車載用蓄電池は定置用途と異なり、活用したい時間帯に電力用蓄電池として活用できない可能性がある。そのため、EV充電マネジメント事業者は、過去のEVの運用傾向などをもとに、EVの接続時間帯などを予測したり、EVを群として集約することで、その予測精度を高めたりしたうえで、充電制御を行うことが必要になる。

　蓄電池市場全体で見れば、定置用蓄電池に対してEVなどの車載用蓄電池の容量は圧倒的に大きく、今後も車載用蓄電池が蓄電池市場を牽引していくことが想定される。足元では、まだEVの普及台数が伸びてはいないものの、今後台数が拡大すれば、EV充電マネジメントを含めたEV関連のエネルギーサービスは、電力市場において大きなインパクトを与えるものと考えられる。

②サービス事例

　EV充電マネジメント分野には、充電器メーカーやIT事業者などが参入している。各種EV充電器を展開するダイヘンは2022年3月、充電タイミングを制御するエネルギーマネジメント機能を搭載した充電器の販売を開始した。[38]契約電力超過の抑制や受電設備増強の回避を目的に、複数台のEVの充電タイミングを制御するとしており、同社の自律分散協調制御技術「Sunergy Link」により、接続された各充電器の充電電力の自動制御を行う。

　また、BIPROGY社は、モビリティマネジメントとエネルギーマネジメントの双方を組み合わせた「EVスマート充電サービス」を展開している。[39]具体的には、図3-3に示すように、EVの予約実績管理機能や利用者管理機能などのモビリティマネジメント関連の機能と、電力需要予測機能など

図 3-3　BIPROGY 社の「EV スマート充電サービス」

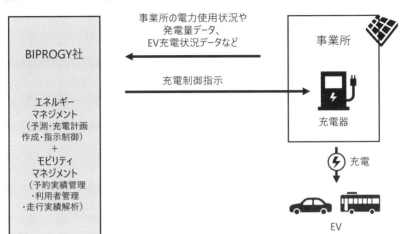

出所：BIPROGY 社「エネルギー管理サービス Enability EMS」より野村総合研究所作成

のエネルギーマネジメント機能を組み合わせて、電気料金の高騰を防ぐために、充電器に対して制御指示を行う。前述のとおり、EVの充電制御を行うためには、EVが充電器に接続されている時間帯を予測することが必要だが、BIPROGY社は、EVの運行管理サービスも組み合わせる形でサービスを提供している。同社は、営業車や配送事業者の社用車が段階的にEVに置き換えられていくことを想定し、EVの導入状況やEVの利用形態などに応じて、EVのスマート充電サービスを行うとしている。

　本来のEVの用途は移動であり、EV蓄電池は移動用途に使われるため、EV充電マネジメントと、それ以外のサービスを組み合わせてサービスを展開する事例は、今後も増えていくことが想定される。これは、DER関連サービスの統合化のひとつの事例であるといえ、この点については4章で詳しく述べる。

3.2.3 DR/VPP

①サービス概要

　1.3節で紹介したとおり、DRとは、DSRの保有者や第三者がそのDSRを制御することで、電力需要パターンを変化させることを指す。対してVPPは、DSRに加え、電力系統に直接接続されている発電設備・蓄電設備の保有者もしくは第三者が、そのエネルギーリソースを制御することで、発電所と同等の機能を提供することである。前述した蓄電池関連サービス（BTM蓄電池）やEV充電マネジメントは、DRやVPPに包含されるサービスであり、それぞれDSRとして蓄電池及びEVを活用したものとして整理できる。なお、VPPに関して、制御対象とするエネルギーリソースとして再生可能エネルギーを扱うものについては、「再生可能エネルギーアグリゲーション」とも呼ばれる。これについては、3.2.4項にて後述する。

　DRやVPPの収益源もBTM蓄電池などと同様で、DRアグリゲーターやVPP事業者がDERを制御することで、需要家の電気料金を抑制したり、複数需要家を束ねて市場へ入札したりして収益を獲得する。獲得した収益は、DRアグリゲーター・VPP事業者と、DERを提供した需要家などとの間で、事前に合意されたルールのもと分け合うことが一般的である。

　なお、DRアグリゲーターやVPP事業者には、その機能に応じて「リソースアグリゲーター」と「アグリゲーションコーディネーター」に類型化できる。リソースアグリゲーターとアグリゲーションコーディネーターの関係性を図3-4に示す。

　リソースアグリゲーターが「需要家とVPPサービス契約を直接締結してリソース制御を行う事業者」のことであるのに対し、アグリゲーションコーディネーターは、「リソースアグリゲーターが制御した供給力/調整力/電力量を束ね、一般送配電事業者や小売電気事業者と直接電力取引を行う事業者」のことである。[40]また、これらの両者の役割を兼ねる事業者も存在する。一般的にリソースアグリゲーターは、当該リソースのメーカーや、

図 3-4　リソースアグリゲーターとアグリゲーションコーディネーターの関係性

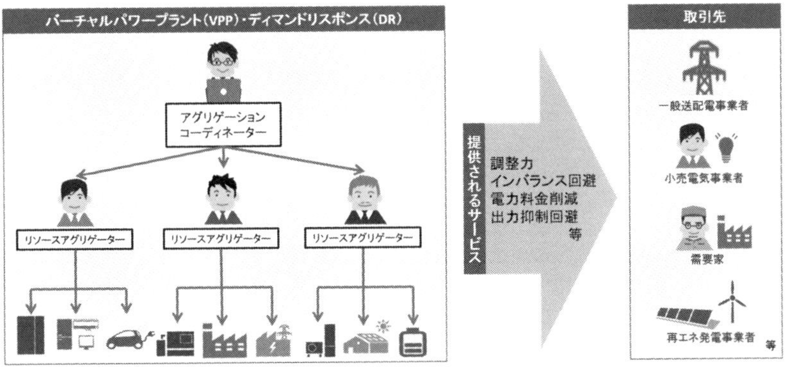

出所：資源エネルギー庁「VPP・DR とは」より野村総合研究所作成

　リソースの制御に長けた事業者、リソースの保有者（需要家など）とのチャネルを有する事業者などが担うケースが多い。一方、アグリゲーションコーディネーターは、電力市場取引や同時同量運用などに長けた事業者が担うケースが多い。

　DR サービスに関しては、かつては産業需要家などの大口需要家の大規模な自家発電設備や需要家設備（生産設備など）の運用を変更して需要を抑制し、供給力や調整力を供出する事例が多かった。これは、産業需要家では生産計画などが決まっているため、電力需要や DER の制御可能な時間帯などの予測や、自家発電設備・需要家設備の制御が比較的容易で、かつ1件の需要家だけで大きな供給力や調整力を供出可能だったためである。反対に、家庭需要家などは、1軒1軒の生活パターンなどが読みづらく、かつ1軒の DR 供出量が大きくないため、事業運営上の難しさから住宅を対象としたサービスはあまり事例がなかった。しかし、近年は、蓄電池などの DER が普及拡大していることに加え、多数の設備を束ねて群制御することの技術が向上したことなどから、より小規模な DER を活用した DR サービスも登場してきている。

ここから見て取れるように、DRやVPPを展開する事業者としては、制御対象下のDSRや、それに紐づく需要家の電力需要を予測したうえで、DSRを正確に制御することが必要になる。ただし、現実的には、個々の需要家や電源の状況を正確に予測することには限界もあることから、DRが供出可能な需要家や再生可能エネルギー電源を見極めたうえで、そうした需要家・電源を多く自社の制御対象に取り込み、DSRのポートフォリオを組成することが重要になってくる。また、DR供出量の大きい需要家は事業者間で「取り合い」になることも考えられ、事業者としては、需要家に対して積極的に営業活動をかけたり、市場から獲得する収益のうち需要家に手渡すインセンティブの比率を引き上げたりして、需要家を獲得していくことになる。事実、米国などの先進市場では、かつてDR事業者と大口需要家のレベニューシェアの比率は50：50程度だったが、近年は20：80など、需要家の取り分が大きくなっているケースが増えているという。国内においても、調整可能な大規模な自家発電をリソースとする産業需要家などでは、既に近年の米国でみられるようなレベニューシェア比率となるケースもあるといわれている。

②サービス事例

　国内においては、2016年の小売全面自由化前から、DRに類するサービスとして、旧一般電気事業者が主に大口需要家に対して「需給調整契約」を提供していた。一方で近年は、2章で挙げた制度変更を背景にDR・VPPサービスが登場してきている。

　Enel X社は、グローバルにDR事業を展開する世界大手のDRアグリゲーターである。国内においてはエネルエックス・ジャパン社が事業を展開しているが、2024年度向けの容量市場向けの入札では、発動指令電源全落札量の25％を超える1GW超の容量を落札している[41]。

　エネルエックス・ジャパン社のビジネスモデルを図3-5に示す。同社は、主に業務産業需要家の生産設備などの制御を行うことで、容量市場などに

図 3-5　エネルエックス・ジャパン社のビジネスモデル

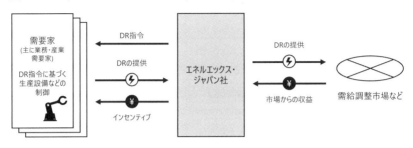

出所：エネルエックス・ジャパン社「緊急容量」より野村総合研究所作成

DRを供出する。DR事業においては、DR供出可能な需要家を見極めることが重要であるが、同社は、事前に需要家のエネルギー消費量や保有設備などに関するデータを基にDR参加可能な容量や報酬、契約条件などに関するシミュレーションを実施している。[42] ここでは、これまでの実績を通じて、DRを供出可能な生産プロセスなどに関する知見を蓄積していることが強みになっていると考えられる。

　また、前述のとおり、DR分野はこれまで業務産業需要家の負荷設備を制御するのが一般的だったが、近年、家庭需要家に対するDRサービスも登場しつつある。

　九州電力及びSBパワーは2021年2月より、SBパワーの家庭用DRサービスを活用したスマホアプリ「九電eco/キレイライフプラス」によるDRサービスの共同実証を実施した。2021年6月には、参加者数が当初目標の1万世帯を大きく超え、1万8千世帯を突破している。[43] このサービスは、図3-6に示すように、スマホアプリを介して九州電力・SBパワーから家庭需要家に対してDR（下げDR及び上げDR）の実施時間を通知し、DRに成功した需要家に対して成功報酬を支払うというものである。実証では、下げDRと上げDRの双方で有効性を確認したと報告されており、下げDRの場合は、世帯平均0.95kWhの削減効果、上げDRの場合は世帯平均0.36kWhの需要創出効果を得られたとされている。

図 3-6　九州電力・SB パワーの実証内容

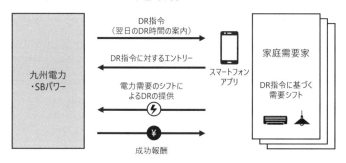

出所：九州電力・SB パワー「家庭向け DR サービス」の参加者が 1 万 8 千世帯を突破！－スマホアプリを活用した節電（下げ DR）効果に加え、需要創出（上げ DR）の有効性も確認－」より野村総合研究所作成

　DRサービスでは、今後も家庭需要家などの小規模な負荷設備を制御対象とするサービスが拡大していくものと想定されるが、特に負荷設備の本来の用途を維持しつつも、電気料金削減などのために、自動的に設備を制御するDRサービスが拡大していくと考えられる。すなわち産業需要家であれば生産計画に影響を与えない範囲で、系統などからの指令に基づいて生産設備を自動制御したり、業務需要家であれば設備ユーザの快適性・利便性などに影響を与えない範囲で空調や照明などの設備を自動制御したりすることが考えられる。産業需要家に対するDRサービスでは、かつてはDRアグリゲーターなどが需要家に対して電話やメールなどによってDRの指示を伝えたうえで、需要家が手動で生産設備を制御するケースも多かった。しかし、制御の自動化が進めば、需要家からすればDRサービスのことを意識せずとも自動的にDRが実施され、収益を獲得できている状態が実現されていくことになる。

　ここまでDRサービスの事例を見てきたが、VPPについても、国内でサービス事例が登場している。一方、VPPサービスは、DRに再生可能エネルギーアグリゲーションを組み合わせたものという色合いも強い。そのため、VPPサービスの事例については、再生可能エネルギーアグリゲーションと合わせて3.2.4項で紹介したい。

3.2.4 再生可能エネルギーアグリゲーション

①サービス概要

　再生可能エネルギーアグリゲーションとは、VPPの中でも集約の対象とするDERとして主に再生可能エネルギーを扱うものである。2022年4月より再生可能エネルギー電源のFIPへの移行が開始され、再生可能エネルギー事業者も市場取引の巧拙で収益性に影響が出るようになったことから、今後の市場拡大が期待されている。2021年度から、国の補助の下、再生可能エネルギーアグリゲーションに関する実証事業が行われている。

　再生可能エネルギーアグリゲーションにおいても、アグリゲートする電源のポートフォリオを組成することの重要性はDRと同様だが、再生可能エネルギーアグリゲーションの場合は、太陽光発電や風力発電などの出力制御を想定しない電源も多いことから、再生可能エネルギー電源の出力の予測機能や、蓄電池などによる電源の制御機能などが事業運営上、特に重要な要素となる。

　再生可能エネルギー電源を保有する事業者からすれば、仮に再生可能エネルギーアグリゲーションのサービスを活用しない場合、各種市場に自ら直接参加することになるが、この場合、再生可能エネルギー事業者ごとに市場価格や再生可能エネルギー出力などに関する予測を行い、入札業務を行うことが必要となる。これは、各事業者にとって負担となるとともに、社会的に見ても非効率であることから、これらの機能・業務を担う再生可能エネルギーアグリゲーションのサービスの拡大が期待されている。

②サービス事例

　国内においては2021年度から、再生可能エネルギーアグリゲーションに特化した形での実証事業（「再エネ発電等のアグリゲーション技術実証事業のうち再生可能エネルギーアグリゲーション実証事業」）が行われている。この実証は、需給バランス確保のための発電量予測やリソース制御

表 3-2 令和 4 (2022) 年度 蓄電池等の分散型エネルギーリソースを活用した次世代構築実証技術構築実証事業費補助金（再エネ発電等のアグリゲーション技術実証実証事業のうち再生可能エネルギーアグリゲーション実証事業者一覧）採択事業者一覧

#	コンソーシアムリーダー	再生可能エネルギーアグリゲーター	実証協力者	令和 4 年度 主な実施内容
1	東芝エネルギーシステムズ	・東芝エネルギーシステムズ ・アーバンエナジー ・ENEOS ・関西電力 ・関電工 ・九州電力 ・コスモエコパワー ・中国電力 ・東京電力エナジーパートナー ・日本工営 ・日本電気 ・北海道電力 ・ユーラスグリーンエナジー ・ジャパン・リニューアブル・エナジー	・日本気象協会 ・東芝ネクストクラフトベルク ・出光興産 ・エネルギア・ソリューション・アンド・サービス ・関電エネルギーソリューション ・東急不動産 ・豊田通商 ・First・Solar・Japan ・三井住友海上火災保険	・太陽光や風力など200以上の発電リソースを用いて、発電量予測や蓄電池制御技術の精度向上 ・インバランス制度を考慮した保険商品の検討 ・再生可能エネルギーアグリゲーターの技術的・事業的な課題検討
2	エナリス	・エナリス ・東邦瓦斯 ・三菱HCキャピタルエナジー ・自然電力	・シェルジャパン ・戸田建設 ・JREオペレーションズ ・会津電力 ・電源開発 ・東急不動産 ・パンフアQセルズジャパン ・東芝三菱電機産業システム ・SMFLみらいパートナーズ ・損害保険ジャパン ・SOMPOリスクマネジメント	・発電予測タイミング/BG組成と蓄電池の最適な運用方法に関する検討 ・インバランスコスト・インバランスリスクに基づく収益性の評価

No.	代表者	構成員		実証内容
3	SBIナジー	・SNIナジー ・丸紅新電力 ・近畿電力 ・シン・エナジー ・メディオテック ・SBIパワー ・エネマン	・横浜環境デザイン ・アウト ・テス・エンジニアリング ・ルクサーリー ・SBテクノロジー ・日本ベネックス ・サイサン	・再生可能エネルギー電源データの分析、ポートフォリオ効果のケーススタディ、発電BGのインバランス回避に向けた検証 ・蓄電池のマルチユースの制御開発　など
4	中部電力ミライズ	・中部電力ミライズ ・明電舎	・京都市 ・京都大学 ・伊藤忠商事 ・エムケイ ・オムロンソーシアルソリューションズ ・ダイヘン工業 ・東急製鐵 ・豊田通商 ・ニチコン ・日新電機 ・日本ガイシ ・Balance Responsible Party	・蓄電池をはじめとする多種多様な需要側リソースを制御することで創出した価値力のマルチユースの検証 ・産官学連携により、調整力のマルチユースと再生可能エネルギーの地産地消による持続可能な地域経済循環型の脱炭素モデルの検証
5	日本エネルギー総合システム	・RE100電力 ・フリッヒエナジー	・日本エネルギー総合システム ・横河ソリューションサービス ・エジソンパワー ・ラプラス・システム ・あいおいニッセイ同和損害保険	・高圧・低圧の太陽光発電所を使用し、予測精度の向上やインバランス回避に必要な蓄電池の最小容量の検証、市場の最小ユニット取引による採算性向上などに向けた実証

出所：環境共創イニシアチブ「令和4年度　蓄電池等の分散型エネルギーリソースを活用した次世代技術構築実証事業費補助金（再エネ発電等のアグリゲーション技術実証事業のうち再生可能エネルギーアグリゲーション実証事業）採択結果について」より野村総合研究所作成

に必要となる技術などの検証を目的としている。[44]

　2022年度は、表3-2に示すように、東芝エネルギーシステムズ、エナリス、SBエナジー、中部電力ミライズ、日本エネルギー総合システムの各社がリーダーとなった5つのコンソーシアムが採択され、それぞれ再生可能エネルギーアグリゲーターや、その他実証協力者を束ねる形で実証を行う。[45]

　各コンソーシアムの中には、中部電力ミライズのコンソーシアムのように、再生可能エネルギー発電事業者だけではなく、蓄電池や空調、EVなど再生可能エネルギー以外のDERも幅広く取り扱うケースもある。再生可能エネルギーアグリゲーション事業やVPP事業においては、幅広いリソースを束ねることにより、発電量などのより精度の高い予測が可能となり得るとともに、制御可能なリソースが増えることから、同時同量運用や市場取引などで優位になる。そのため、アグリゲーションコーディネーターを中心にリソースアグリゲーターを束ねていく動きが今後も加速し、将来的には少数のグループに集約されるようなことも想定される。

　前述のなかでも、例えば、東芝ネクストクラフトベルケ及び東芝エネルギーシステムズは、再生可能エネルギーアグリゲーションサービスを事業として開始している。本項では、同社のサービスを紹介したい。

　東芝ネクストクラフトベルケは、東芝エネルギーシステムズ（東芝ESS）とドイツのVPP事業者であるNext Kraftwerkeが2020年11月に設立した合弁会社で、国内におけるFIP電源の普及を見据えて、エネルギーリソース運用支援サービスを提供している。2022年5月には、東芝ESSと共同で、再生可能エネルギー発電事業者に対して計画値同時同量の実現や、取引の最適化に関する再生可能エネルギーアグリゲーションサービスを開始すると発表した（図3-7）。両社が持つ発電量・需要予測、電力市場取引に[46]関する技術、再生可能エネルギー・蓄電池などのDERの制御技術などを活用するとしている。

　再生可能エネルギー事業者が保有する再生可能エネルギー電源は、これ

図 3-7　東芝 ESS・東芝ネクストクラフトベルケの提供サービス

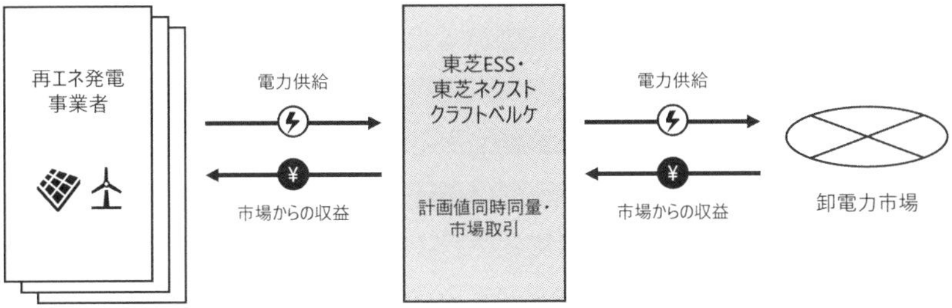

出所：東芝エネルギーシステムズ・東芝ネクストクラフトベルケ「『再エネアグリゲーションサービス』開始のお知らせ」より野村総合研究所作成

まではほとんどがFIT電源だったが、FIT電源では、発電量のすべてが送配電事業者に買い取られるため、FIT電源を保有する発電事業者は、インバランスリスクを負っておらず、かつ発電した電力を市場などで取引することも求められてこなかった。一方で、FIP電源では、発電事業者は発電量などを正確に予測して計画値同時同量を達成したり、市場取引や相対取引を行うことで収益を最大化することが必要になる。これは、発電事業者からすれば新たな機能が必要になるとともに、その優劣で収益が変動してしまうことも意味する。東芝ESS及び東芝ネクストクラフトベルケのサービスは、発電事業者に代わってこれらを行うものであり、今後、FIP電源が増えていくとともに拡大していくことが期待される。なお、このモデルは、Next Kraftwerkeが事業展開するドイツでも同様であり、比較的小規模で市場取引に関するノウハウを持たないバイオマス発電事業者などの再生可能エネルギー事業者を束ねて市場での取引を行っている。

3.2.5　自己託送・PPA

①サービス概要

　昨今の脱炭素化の流れを受けて、企業などにおいて再生可能エネルギー電力調達に対するニーズが急速に高まっている。本書では、企業などの再

図 3-8　主な再生可能エネルギー電力調達のオプション

再生可能エネルギー電源の所有主体	オンサイト	オフサイト
自己保有	**自己保有 × オンサイト** ① 自家発電・自家消費	**自己保有 × オフサイト** ③ 自営線による自家発電・自家消費 ④ 自己託送
他者保有（資本関係など含む）	**他者保有 × オンサイト** ② オンサイトPPA	**他者保有 × オフサイト** ⑤ オフサイトPPA（組合型自己託送を含む） ⑥ 再エネ電力小売メニュー ⑦ 証書の単独調達

再生可能エネルギー電源の立地

出所：野村総合研究所作成

生可能エネルギー電力調達ニーズに対応するサービスとして自己託送及びPPAを取り上げるが、その前に、まず需要家が再生可能エネルギー電力を調達する際のスキームの全体像を概観したい。

企業が再生可能エネルギー電力を調達する際、その方法としていくつかの選択肢が存在する。図3-8は、主な再生可能エネルギー電力の調達スキームの選択肢を、再生可能エネルギー電源の所有主体や立地に応じて分類したものである。

再生可能エネルギー電源の所有主体としては、再生可能エネルギー電力を調達したい主体自体が保有するケース以外に、再生可能エネルギー発電事業者や小売電気事業者、リース会社などの他者が保有するケースが存在する。また、再生可能エネルギー電源の立地として、再生可能エネルギー電力を消費する場所で発電するオンサイトと、消費する場所とは別の場所

で発電するオフサイトがある。これらのそれぞれの組み合わせについて、再生可能エネルギー電力を調達するスキームが挙げられる。

「①自家発電・自家消費」は、再生可能エネルギー電力を消費したい主体が敷地内などに再生可能エネルギー電源を設置し、自家消費するごく一般的なモデルである。再生可能エネルギー電力を調達したい需要家が、まず最初に検討する選択肢といってもよいだろう。ただし、多くの場合、敷地内で設置可能な再生可能エネルギー電源の容量は限定的で、特に業務・産業需要家では多くの場合、オンサイト電源だけでは電力需要のすべてを賄うことができない。加えて、オンサイトの再生可能エネルギー電源は太陽光発電が一般的だが、蓄電池などの蓄エネルギー設備がなければ夜間の電力などは他者からの供給を受けることも必要となる。また、再生可能エネルギー電源を自己保有したくても、初期投資の大きさが導入の課題となるケースも想定される。

これに対して「②オンサイトPPA」は、再生可能エネルギー電力の調達主体の敷地内などに再生可能エネルギー電源を設置するものの、その保有主体は第三者となるモデルである。需要家としては初期投資なしで再生可能エネルギー電源を導入でき、かつ、その再生可能エネルギー電力を消費することができる。需要家は、再生可能エネルギー電力の利用分の電気料金を支払うことになるが、従来の電気料金の支払いと同様の形で支払いを行うことができハードルが低いため、近年採用されるケースが増加している。オンサイトPPAについては、リースモデルなどと合わせて3.2.6項にて紹介したい。

「③自営線による自家発電・自家消費」及び「④自己託送」は、再生可能エネルギー電力の消費地とは別の場所で、需要家が所有する再生可能エネルギー電源から電力供給を受けるモデルである。このうち「③自営線による自家発電・自家消費」は、文字どおり需要家が敷地外に保有する再生可能エネルギー電源から、自営線を介して電力の供給を受け、自家消費するモデルである。

一方、「④自己託送」は、需要家又は需要家と密接な関係を有する者が保有する再生可能エネルギー電源の電力について、一般系統を介して供給・使用するモデルである。③のケースのように自営線を設置せずとも他拠点から再生可能エネルギー電力の供給を受けられるモデルであるが、発電側の計画値同時同量管理が求められる。そのため需要家は、発電側の計画値同時同量管理機能などを持った事業者などと連携してスキームを組成することが多い。

　最後に、他者保有でオフサイトの再生可能エネルギー電力を調達するオプションとして、「⑤オフサイトPPA」、「⑥再生可能エネルギー小売料金メニュー」及び「⑦証書の単独調達」が挙げられる。

　「⑤オフサイトPPA」に関しては、いくつかのスキームが想定される。これらのうち、主な例をまとめたものが表3-3である。

　まず、再生可能エネルギー電源を保有する発電事業者と需要家が組合を設立し、自己託送により再生可能エネルギー電力の供給を受けるモデル（組合型自己託送）が挙げられる。自己託送においては、2.2.2項で述べたように発電事業者などと需要家が、「密接な関係性」を有することが要件となっているが、一定の条件を満たしたうえで組合を組成し、「密接な関係性」を築くことで自己託送を実現する方式といえる。

　次いで、再生可能エネルギー電源を保有する発電事業者と需要家が売買契約（PPA契約）を締結し、需要家が発電事業者に対して電気料金を支払うモデル（オフサイトPPA〈フィジカル・間接〉）も可能である。ただし、この場合、現行制度では、発電事業者と需要家の間に小売電気事業者を介すことが必要である。なお、このモデルは、再生可能エネルギー発電事業者による再生可能エネルギー電力の供給を受けるという点で（バーチャルではなく）「フィジカル」、ただし、発電事業者と需要家の間に小売事業者を介すという点で「間接的」ということができる。

　これに対して証書を活用することで、「バーチャル」に再生可能エネルギー電力を調達する方式も存在する。まず、電力と環境価値を切り離して、

表3-3 オフサイト PPA のスキーム例

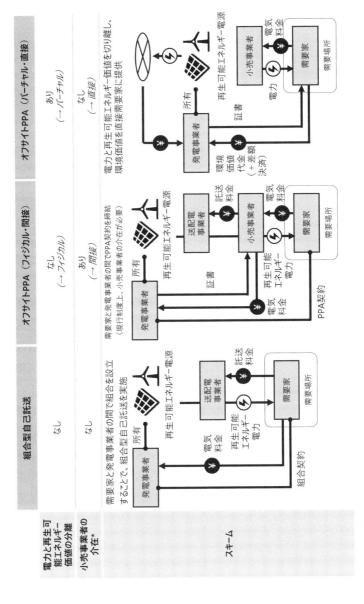

	組合型自己託送	オフサイトPPA（フィジカル・間接）	オフサイトPPA（バーチャル・直接）
電力と再生可能エネルギー価値の分離	なし	なし （→フィジカル）	あり （→バーチャル）
小売事業者の介在*	なし	あり （→間接）	なし （→直接）
スキーム	需要家と発電事業者の間で組合を設立することで、組合型自己託送を実施	需要家と発電事業者の間でPPA契約を締結（現行制度上、小売事業者の介在が必要）	電力と再生可能エネルギー価値を切り離し、環境価値を直接需要家に提供

出所：野村総合研究所作成

需要家が再生可能エネルギー発電事業者から環境価値のみ受け取るような
モデル（オフサイトPPA〈バーチャル・直接〉）が考えられる。例えば、再
生可能エネルギー発電事業者が電力と環境価値を切り離し、電力について
は卸電力市場に売電するが、環境価値を需要家に販売することが想定され
る。なお、需要家が発電事業者から直接証書を受け取るこの方式に加えて、
小売事業者を介して間接的に証書を受け取る方式も考えられる。後者の場
合は、オフサイトPPA（バーチャル・間接）に該当する。

　また、「⑦再生可能エネルギー電力小売メニュー」も考えられる。これは、
小売電気事業者が提供する、再生可能エネルギー100％などを謳う再生可
能エネルギー電力小売メニューを選択し、再生可能エネルギー電力を調達
する方式である。需要家としては、さほど手間なく手軽に再生可能エネル
ギー電力を調達することが可能である。

　最後に「⑧証書の単独調達」は、需要家が小売事業者からの電力購入と
は別に、再生可能エネルギー価値取引市場や仲介事業者などから証書を調
達する方式である。

　以上、見てきたように、需要家が再生可能エネルギー調達するスキーム
は数多く存在するが、需要家はこれらの中から、コストや再生可能エネル
ギーの追加性、導入の容易さ、同時同量管理などを含めた技術的難易度な
どを踏まえて自身のニーズに合致したものを選択することになる。例えば、
自己託送では再生可能エネルギー賦課金がかからないため、コスト面で
は相対的に優位になり得るが、一方で比較的小規模な発電BGの同時同量
管理が求められるため、一定程度のインバランスリスクが存在する。反対
にオフサイトPPAは、再生可能エネルギー賦課金の支払いが必要なため、
相対的にコスト高になるが、比較的大きい発電BGを組成できることから、
インバランスリスクを抑えられる可能性がある。これらも天秤にかけなが
ら、需要家は自身に合ったオプションを選択することが必要となる。

　なお、先に挙げた「追加性」とは、「再生可能エネルギー電力や証書など
の購入により、新たな再生可能エネルギー設備に対する投資を促す効果が

あること」を指す。例えば、自家発電・自家消費のために新たに需要家が新たに再生可能エネルギーを導入する場合、追加性が認められるが、小売事業者から再生可能エネルギー電力メニューで再生可能エネルギー電力を調達する場合、既存の再生可能エネルギー設備を多く利用している場合などで追加性が認められないケースもある。近年は、環境価値に対する関心の高まりや外部評価機関からの要請などのため、この追加性を重視する企業も増えてきている。

　ただ、一般的な需要家にとって、数ある再生可能エネルギー電力の調達オプションから、自身にとって最適なものを選択することは、必ずしも容易ではない。そのため、それぞれの調達スキームの組成を支援する事業者だけではなく、クリーンエナジーコネクト社のように、需要家に対して最適な調達方法をコンサルティングするような企業も登場してきている。[47]

②サービス事例

　本書では、前述した再生可能エネルギー電力の調達支援サービスのうち、特に近年台頭してきている「②オンサイトPPA」及び「④自己託送」の事例を取り上げるが、オンサイトPPAについては3.2.6項で述べることとし、本項では「④自己託送」の事例を取り上げたい。

　京セラは2020年7月、国内初となる蓄電池を活用した再生可能エネルギーの自己託送の実証実験を開始した。[48]これは、図3-9に示すように、京セラが滋賀県野洲市に所有する約2000㎡の敷地に、太陽光発電システム約150kWを設置し、発電された電力を関西電力の送配電網を通して約2km離れた京セラ滋賀野洲工場に自己託送により供給するものである。本実証実験では、国内で初めて蓄電池を活用して自己託送を行うもので、蓄電池を活用することで発電インバランスの抑制などを狙っている。自己託送においては、特に発電バランシンググループの計画値同時同量が求められるため、京セラの事例のように再生可能エネルギーに蓄電池を併設する事例も今後は増えていくものと想定される。

図 3-9　京セラによる滋賀県野洲市における自己託送事例

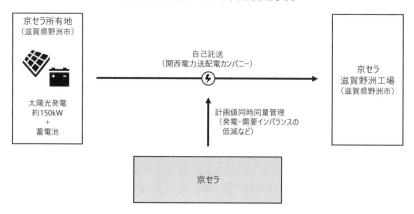

出所：京セラ「滋賀県野洲市における国内初、蓄電池を活用した再生可能エネルギー『自己託送』実証実験の開始について」より野村総合研究所作成

　前述のように、自己託送では、再生可能エネルギー賦課金免除というメリットがある一方で、インバランスリスクの増加というデメリットもあることから、京セラのケースのように蓄電池の併設や、優れた再生可能エネルギーの発電予測機能を保有する事業者との連携といった、インバランスリスクを低減させるスキームが今後多く登場すると考えられる。

3.2.6 TPOサービス

①サービス概要

　TPOモデルとは、Third-Party Ownershipモデルの略で、需要家自身ではなく第三者が太陽光発電などのDERを所有するようなモデルを指し、「第三者保有モデル」とも呼ばれる。TPOサービスとしては、事業者が需要家とPPA契約を結び、導入した再生可能エネルギーで電力を供給するPPAモデルと、太陽光などのDERを定額で貸与するリースモデルが挙げられる。いずれも需要家は、初期投資不要でDERを導入することが可能であるが、PPAの場合、需要家は、使用した電力に対して対価を支払うの

表3-4 リースとPPAの違い

		リース	PPA
収入関連	発電電力の所有権	設備リース料金（月々定額など）	使用した電力量分の電気料金
	発電電力の所有権	需要家 余剰電力の売電収入などは需要家に帰属	PPA事業者 余剰電力の売電収入はPPA事業者に帰属
費用関連	導入費用	事業者負担	事業者負担
	保守・修理費用	事業者負担	事業者負担

出所：野村総合研究所作成

に対し、リースの場合、需要家は定額のリース料金を事業者に対して支払う点で異なる。また、発電された電力は、PPAの場合は事業者に権利がある一方で、リースの場合は需要家に権利があるため、第三者へ販売したり、自家消費することが可能である。それぞれの違いを表3-4に示す。

特に太陽光発電や蓄電池などのDERは、価格が下がってきているとはいえ需要家としては大きな初期投資となるため、初期投資が不要なTPOサービスに対するニーズが拡大してきている。例えば、家庭分野では、価格に関する感度の高い中堅ハウスビルダーがTPOサービスを提供し始めており、今後は、サービスの認知度の向上に伴ってさらに導入が拡大していくものと想定される。

業務・産業用分野においても、中小規模の商業施設や文教施設、公共施設、工場、倉庫などでTPOサービス、特にオンサイトPPAの導入が進んでいる。例えば、公共施設では、年度ごとの予算の中で新規設備の初期投資負担が重いことから、TPOサービスを志向するケースが増加している。

②サービス事例

オンサイトPPAに関しては、既に多様なプレーヤーがサービスの展開

を開始しており、ユーティリティ、新電力、エネルギーサービス事業者、リース会社、太陽光発電設備メーカー、EPC事業者などが太陽光のオンサイトPPA事業に参入している。前述のとおり、需要家は、初期投資なしで太陽光などの再生可能エネルギーを導入できるため、導入のハードルが低く、住宅分野のほか、中小規模の商業施設や文教施設、公共施設などで導入が進んでいる。

　VPP Japan社は、スーパーマーケットやホームセンターなどに対して太陽光のPPAサービスを展開している。例えば、2021年8月には、ホームセンターなどを展開するバローホールディングスに対し、2021年度にグループ50店舗に対して合計15MWの自家消費型太陽光をPPAで導入する計画が公表された。[49]　なお、バローホールディングスに対する案件では、VPP Japanはアイ・グリッド・ソリューションズと連携し、自家消費しきれない太陽光の余剰電力をアイ・グリッド・ソリューションズが他の電力利用者に供給することで、自家消費太陽光の導入量を最大化するような「余剰電力循環モデル」を導入している。

　VPP Japanは、バローホールディングスのほかにも、ヤオコーやシーアールイー、名鉄運輸などの国内企業を中心に全国でオンサイトPPAの事業を展開しており、2022年1月には、オンサイトPPAサービスの累計契約が70社・600施設、太陽光発電の容量で150MWを突破している。[50]　同社のモデルを図3-10に示す。

　需要家として手軽に再生可能エネルギーを導入できることから、オンサイトPPAは、今後も国内で拡大していくことが想定される。オンサイトPPA事業では、必ずしも高い参入障壁がある訳ではないため、今後もさらなる事業者の参入が想定されるが、将来的には顧客を獲得していくための需要家へのチャネルや、低コストな太陽光発電設備の調達能力などが勝負の分け目となっていくことが想定される。

　一方、前述のとおり、敷地内で設置可能な再生可能エネルギー電源の容量は限定的で、特に業務・産業需要家の場合、オンサイト電源だけでは

図 3-10　VPP Japan のビジネスモデル

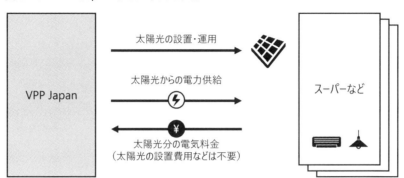

出所：アイ・グリッド・ソリューションズ「VPP Japan サプライチェーン企業を中心とした 国内最大規模となる太陽光 PPA サービス契約　累計　全国 600 施設　発電容量 150,000kW を突破」より野村総合研究所作成

電力需要のすべてを賄うことができないケースも多い。そのため、ある程度の導入量に達すれば、中長期的にオンサイト PPA の市場は頭打ちになることも想定される。このとき、オンサイト PPA 事業者としては、既に一部のプレーヤーが取り組んでいるように、オフサイト PPA 事業への展開も検討する必要性が想定される。オフサイト PPA の場合、オンサイト PPA と異なり、再生可能エネルギー電源を設置するための適地開発が必要になるため、事業者としては土地開発の機能を取り込んだり、当該機能を有するプレーヤーとの連携が必要になり得る。

3.2.7　マイクログリッド

①サービス概要

「マイクログリッド」について明確な定義はないものの、経済産業省が2021年4月に公表した『地域マイクログリッド構築の手引き』では、「地域マイクログリッド」の定義として「平常時は下位系統の潮流を把握し、災害などによる大規模停電時には、自立して電力を供給できるエネルギーシステム」としている。[51] 一般的には、基幹系統と連系されているケースも連

系されていないケースも「マイクログリッド」と呼ばれるが、こと国内においては、離島を除けば非常時対応を目的とし、基幹系統と連系されているケースが多い。いずれの場合も、一定程度、マイクログリッド内で独立した運用がなされることから、マイクログリッドには太陽光発電や蓄電池などのDERが接続されているケースが多く、DRやVPP技術が組み合わされている場合もある。この点、マイクログリッドでは、これまで紹介してきた各種サービスを統合したサービスともいえるだろう。

また、2022年度から配電ライセンス制度が開始されたことから、配電網内にマイクログリッドを構築し、配電系統の運用と一体でサービスを提供するモデルに対しても関心が高まっている。

②サービス事例

マイクログリッドに関しては、その多くが構想・実証段階にあり、各社が国の補助金を利用するなどして構築に向けた検討を進めている。

系統に連系されたマイクログリッドの例としては、北海道松前町におけるマイクログリッド構想が挙げられる。東急不動産は、松前町と共同で、同町において風力発電設備や蓄電池などの調整力・系統線などの既存設備を活用する地域マイクログリッドの構築に向けた検討を行っている。松前町地域マイクログリッド概念図を図3-11に示す。松前町では、2018年9月の北海道胆振東部地震に伴う停電などの経験から、レジリエンス強化の一環として災害時の電力供給を志向していた。一方の東急不動産は、全国で50以上の再生可能エネルギー事業を運営する再生可能エネルギー事業者だが、松前町には40.8MWの風力発電設備に129.6MWhの蓄電池を併設した「リエネ松前風力発電所」を2019年4月に運転開始しており、これにエネルギーマネジメント機能を付加することで平常時には電力の調整を行いつつ、災害時などの大規模停電時にも自立的な電源の活用を可能とすることを目指している。[52]

離島マイクログリッドの事例としては、沖縄県宮古島市来間島の例が挙

図 3-11 北海道松前町地域マイクログリッド概念図

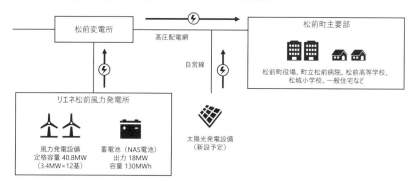

出所：東急不動産「松前町における地域マイクログリッド構築に向けたマスタープラン作成事業」より野村総合研究所作成

げられる。ネクステムズ社や沖縄電力、宮古島未来エネルギー社及び宮古島市は、宮古島市来間島にてマイクログリッド構築に取り組んでおり、2021年度末から構築した設備の運用を開始している。2022年5月には、宮古島系統からマイクログリッドを切り離し、一般需要家の太陽光と蓄電池及びエリア全体の需給調整用途の蓄電池の組み合わせで電力を供給するマイクログリッドの実働訓練を行い、マイクログリッドのみによる100％電力供給を達成している[53]。

　今後、電力システムの分散化が進むなかで、非常時の電源供給の確保や、再生可能エネルギーの地産地消を志向するケースが増えていくことも想定される。こうしたなか、マイクログリッドの拡大が期待される。

将来のDER関連サービス：P2P電力取引

　本章では、わが国において、既に事業が顕在化しているもしくは顕在化しつつある主なDER関連サービスを取り上げ、そのサービス概要と取り組み事例を見てきた。ここでは、本章で述べなかったサービスのうち、今後の電力システムにおいて重要な役割を担い得るDER関連サービスとして、P2P電力取引を取り上げたい。

　P2PとはPeer to Peerの略であり、もともと中央管理者を介さずに参加者同士が直接やり取りを行う通信技術のことを指す。したがって、P2P電力取引についても、厳格な言葉の定義では、需要家同士が間に電力会社などを介さずに電力取引を行うことを指すものともいえる。しかし、国内では、電力会社（小売電気事業者）が仲介に入るような取引形態も含めて、広い意味で「P2P電力取引」と呼ばれることが多い。広義のP2P電力取引には、さまざまなパターンが想定され、例えば、資源エネルギー庁は、P2P電力取引に関して想定されるビジネスモデルを、一般送配電事業者の系統を利用しない取引（非系統型P2P取引）と、一般送配電事業者の系統を利用する取引（系統型P2P取引）に大別し、それぞれの供給主体・方式によって複数のパターンに分類している（さらに、前者については、供給方式がマンション型、EV型及び自営線型のパターン、後者については、プラットフォーマー＝小売事業者、プラットフォーマーが小売事業者にサービス提供、プラットフォーマーが自己託送/組合型特定供給のパターンが挙げられている）。[54]

　このようにP2P電力取引は複数のパターンが想定され、日本国内においても複数の実証的な取り組みなどが行われている。表3-5に、国内におけるP2P電力取引関連の取り組みの例を示す。[55][56][57][58][59]

　現在、国内で行われているP2P電力取引関連の事例は、固定価格買い取

表3-5 P2P電力取引関連 国内における取り組み例

実施事業者	実施内容
トヨタ自動車 東京大学 TRENDE社	**住宅や事業所、電動車間での電力取引を自律的に可能とするシステムの実証** ・以下の3点について実証 1. 家庭や事業所、電動車がアクセス可能な需給状況で価格が変動する電力取引市場 2. 市場で取引される電力における発電源の特定と、発電事業者のトラッキングを可能とするシステム 3. 人工知能（AI）を活用し、電力消費や太陽光パネルの発電量予測などに応じて電力取引所に電力の買い注文・売り注文を出す、電力取引エージェント
三菱電機 東京大学	**P2P電力取引を最適化するブロックチェーン技術研究** ・余剰電力の融通を最大化する目指すなど、需要家の取引ニーズに柔軟に対応できる取引環境を提供し、余剰電力の有効活用に貢献するための仕組みを開発
エナリス マルイファシリティーズ 戸田建設	**次世代電力取引プラットフォームの社会実装を目指したサービス実証** ・参加プロシューマーの非FIT電力・自家消費環境価値の取引を実施 ・具体的には、①電力及び環境価値のP2P取引事業成立要因の検証及び②小売電気事業が活用する P2P電力取引プラットフォームの構築を実施
UPDATER社 （旧みんな電力）	**P2P電力トラッキングシステム展開** ・発電所（再生可能エネルギー発電所）が発電した電力量をトークンに置き換えた上で、法人需要家が消費した電力量に相当するトークンを授受することによって、電力トレーサビリティを実現するトラッキングシステム「ENECTION2.0」を展開 ・当該システムを小売事業者向けの外販も実施
デジタルグリッド社	**電源と電力需要を結び付けるP2P電気の取引所を展開** ・電力を生む発電家と電力を買う需要家が直接売買できるシステムを備えたプラットフォームを提供 ・電力のみではなく、FIT非化石証書やノンフィット、グリーン電力証書などの環境価値も対象

出所：各社公表資料より野村総合研究所作成

151

り期間を終えた住宅用太陽光発電（卒FIT電源）及びその他再生可能エネルギー設備由来の電力や環境価値を、電源の所有者と需要家の間で売買するための取り組みや、これらの取引をトラッキングするための取り組みが多い。また、これらのP2P電力取引では、多くの場合、ブロックチェーン技術が活用されている。ブロックチェーンが持つ、耐改ざん性（改ざんがされにくい性質）や、取引のトラッキング（取引履歴を追うことができること）、スマートコントラクト（あらかじめ定めた契約が自動に実行されること）といった機能を活かして、発電設備所有者（兼需要者）と需要者の間の、自動的で、セキュアな取引の構築が進められている。

　このようにさまざまな形で検討が進められているP2P電力取引ではあるが、その本格的な実現に向けては、未だ制度的・経済的・技術的な課題が多く想定される。例えば、狭義のP2P電力取引ともいえる「需要家同士が間に電力会社などを介さずに電力取引を行う形態」は、現状の法制度上は実現困難である。なぜなら、現状の制度上は、電力の売り手になるためには小売電気事業者登録をし、託送契約上の対応を行うことが必要であり、需要家ごとにこれに対応することは、現実的ではないためである。また、間に小売電気事業者が介在する広義のP2P電力取引についても、実際の電力量取引を伴う場合には、小売事業者の同時同量（インバランス）対応コストが増加する可能性があり、取引に必要な計量器（特例計量器など）を設置し、計量データの収集・管理、精算を行うコストもかかってくる可能性がある。これに対して、小売電気事業者に一旦、再生可能エネルギー由来の電力を売電し、それを小売電気事業者が各需要家に販売するモデル（通常の電力売買のモデル）に比べた広義のP2P電力取引のメリット（特に経済的なメリット）は、必ずしも明確ではない可能性がある。そのため、制度的な課題を回避し得る広義のP2P電力取引についても、経済的なメリットが見出しにくい可能性が想定される。

　以上のように、P2P電力取引には、さまざまな形態が想定され、その実現に向けた取り組みが行われているが、その本格的な普及に向けては、制

度や経済性などに関して未だ解決すべき課題が存在している状況である。しかし、将来的に、これらの課題が解決され、P2P電力取引が本格的に普及してくれば、各DER関連サービスに関わる提供スキーム・ビジネスモデルが本章で述べてきたものとは、大きく変わってくる可能性が考えられる。本章で取り上げた各DER関連サービスは、基本的には需要家と小売電気事業者やアグリゲーターとの間のやり取りが主であった。一方、P2P電力取引が実現すると、各DER関連サービスが需要家間でやり取りされる形となり得る。このとき、各DER関連サービスに関わる事業者には、そのやり取りを成立させるプラットフォーマーとしての役割を担うようになることが期待される。

4

DER関連サービス
統合化の動き

4.1 DER関連サービス統合化の視点

　前章で紹介したDER関連サービスは、さまざまな形で他のサービスと連携し、統合化されてきている。DER関連サービスの統合化の動きは、大きく (1) エネルギーサービス内での統合と (2) 非エネルギーサービスとの連携・統合の2つの視点で捉えることができる。さらに、各視点はそれぞれ、(1) ①DER関連サービス自体の統合、(1) ②各サービスの業務・提供機能上の統合、(1) ③電力事業のバリューチェーン（以降、VC）上での統合及び (2) ①顧客接点を活かした連携・統合、(2) ②DER関連サービス重要機器に関するノウハウ・運用面の接点を活かした連携・統合、(2) ③共通の提供価値・顧客ニーズを活かした連携・統合という視点で整理ができる。

　以下では、まず、それぞれの視点についての整理を行う。なお、ここでの整理は、DER関連サービスの連携・統合に関する着眼点を提示するためのものであって、それぞれの視点は互いに独立ではなく、かつ複数の視点の組み合わせによるDER関連サービスの連携・統合の動きも想定され得る点についてはご留意をいただきたい。

4.1.1 エネルギーサービス内での統合

　前章で紹介したようなDER関連サービスは、エネルギーサービスの一部であるといえるが、DER関連サービスは、エネルギーサービスの中で、さまざまな形で他サービスとの統合化が進んできている。ここでは、エネルギーサービス内でのDER関連サービスの統合の動きを、図4–1に示すように、①各サービスの業務・提供機能上の統合、②DER関連サービス自体の統合及び③電力事業のVC上での統合という3つの視点で整理する。なお、図4–1中のDER関連サービス名は例示であり、各視点による統合は、記載のサービスに限るものではない。

図 4-1　エネルギーサービス内での DER 関連サービス統合　3 つの視点

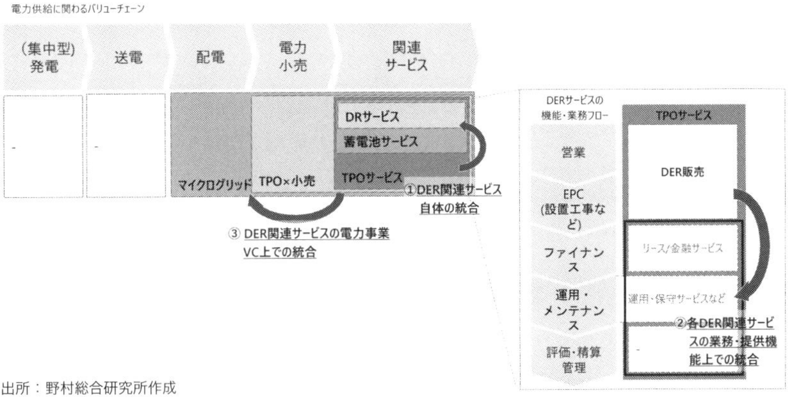

出所：野村総合研究所作成

① DER 関連サービス自体の統合

　前章で挙げたDER関連の各サービスでは、あるサービスが他のサービスを内包する場合も多く、DER関連サービス自体でも統合がなされてきているといえる。このことは、前章で示した図3-1において、一部のサービスが他のサービスを包含する関係にあることからも確認できる。

　例えば、EV充電マネジメントサービスや蓄電池関連サービスは多くの場合、需要家内のデマンドマネジメントなどを行うことに加え、小売電気料金に応じた充放電を行って電気料金の低減を実現したり、需給調整市場や容量市場などに蓄電池をリソースとして提供したりするという意味で、DRサービスそのものでもあるといえる。

②各 DER 関連サービスの業務・提供機能上での統合

　前章で挙げたDER関連サービスの一部は、従来のDERの販売から運用までのプロセスにおける各業務や提供機能を統合したものであるといえる。この視点による統合の典型例としては、TPOサービスが挙げられる。ここでは、具体的に家庭向けの蓄電池TPOサービスについて考えてみたい。

157

まず、従来型の家庭向け蓄電池事業は、蓄電池メーカーや販売事業者が蓄電池の営業・設置工事を行い、需要家に設備を販売する。この際、需要家は、（蓄電池メーカーや販売事業者の支援の下で）リースやローンなどの金融サービスを必要に応じて活用する場合も想定される。さらに、一部の蓄電池メーカーや販売事業者は、蓄電池の運用やメンテナンスなどの支援サービスを提供する場合もある。

　一方、蓄電池のTPOサービスにおいては、TPO事業者はDERの営業・設置工事から、アセット保有（すなわちファイナンス機能）、運用・メンテナンス及び運用成果の評価・精算までを一体化したサービスの提供を行う。このため、TPOサービスは、DER関連サービスに関わる各業務・提供機能を統合したサービスであるといえる。

③ DER 関連サービスの電力事業 VC 上での統合

　前章で挙げたDER関連サービスの一部は、電力事業のVC（バリューチェーン）上で見ると、需要家向けのエネルギー関連サービスと、小売電気事業や配電事業とを統合してきたものであり、電力事業VC上での統合が進んだサービスであるといえる。

小売と DER 関連サービスの統合

　3.2.5項で紹介したPPAは、小売電気事業と発電事業を一体化させた需要家向けのサービスモデルであるといえる。また、料金型のDRサービスは、そもそも小売電気事業と一体的なサービスである。このように一部のDER関連サービスは、そもそも小売電気事業を内包したサービスであるといえる。

　さらに昨今は、電力小売とは独立的に提供されていたDER関連サービスを、小売電気事業と融合・統合させたサービスとして提供する動きも出現してきている。その一例として、小売電気事業とTPOサービスの融合が挙げられる。通常のTPOサービスは、例えば、需要家の屋根に事業者

の負担で太陽光発電を設置し、事業者がアセットを保有したうえで、太陽光発電が発電した電力量を需要家に販売する。そして、それに応じた料金（月額利用料金など）を得るというものである。この際、需要家は、別途、小売電気事業者と電力小売契約を結び、系統電力から電力の供給を受けた分（すなわち総電力消費量から、太陽光発電からの供給量を除いた分）の電気料金を、小売電気事業者に支払う。

　これに対して、電力小売とTPOサービスを一体化したサービスでは、太陽光発電を事業者が設置・保有・運用したうえで、この利用にかかる料金を、小売電気料金と一体で回収を行う。そのため、需要家からすると、太陽光発電から発電した分も系統電力から供給を受けた分も一体として、消費電力量に応じた電気料金の支払いを行うこととなる。TPOと電力小売の統合サービスを提供する事業者は、需要家に、屋根などの太陽光設置スペースを借り受ける分、需要家にとって通常の電気料金単価よりも安価な料金単価を提供し得る。そのため、需要家は、系統電力とTPOによる電力の使用の違いを気にしたり、複数社からの料金請求などを受けたりすることなく、通常どおりの電力消費や小売電気事業者とのやりとりをしながら、より安価に電力を利用することができる。加えて、グリーンな電気を利用することができるメリットや、一定期間後に太陽光発電の譲渡を受けられる（TPOでは、一定期間が過ぎると、太陽光発電設備は需要家に譲渡される契約が多い）メリットも得られる。

　このようなTPO×電力小売の統合サービスは、日本国内でも昨今、一部の事業者が展開を始めている。加えて、TPOと電力小売の統合をさらに発展させたサービスを提供する事例も出てきている。具体的には、東京電力ベンチャーズなどが出資するTRENDE社は、前述のような電力小売と太陽光発電のTPOを組み合わせたサービスに、蓄電池のTPOサービスも組み合わせることで、電力の定額サービスを提供している。[60][61]

　TRENDE社は、需要家の家庭に、初期投資ゼロで太陽光発電設備と蓄電池設備の設置を行う。両設備は、契約期間中はTRENDE社の所有

図 4-2　電力小売 × TPO サービス（TRENDE 社）

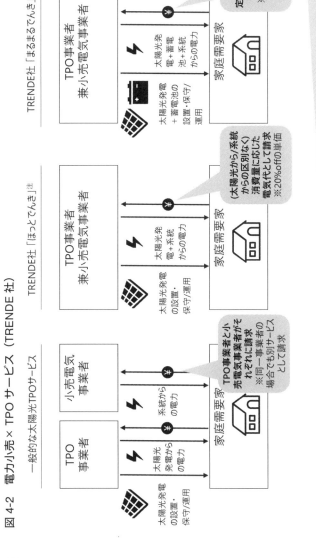

一般的な太陽光TPOサービス

TPO
事業者

太陽光発電
の設置・
保守/運用

家庭需要家

太陽光発
電からの電力

小売電気
事業者

系統から
の電力

TPO事業者と小
売電気事業者がそ
れぞれに請求
※同一事業者の
場合でも別サービス
として請求

TRENDE社「ほっとでんき」注

TPO事業者
兼小売電気事業者

太陽光発電
の設置・
保守/運用

家庭需要家

太陽光発
電＋系統
からの電力

（太陽光から/系統
からの区別なく）
消費量に応じた
電気代として請求
※最大20%offの単価

TRENDE社「まるまるでんき」

TPO事業者
兼小売電気事業者

太陽光発電
＋蓄電池の
設置・保守/
運用

家庭需要家

太陽光発
電＋蓄電
池＋系統
からの電力

定額制の電気代と
して請求
※6000kWh/年
の上限

低　　　TPOサービスと電力小売の統合度合　　　高

（注）20%offは、旧一般電気事業者の規制料金と比べた場合。「ほっとでんき」の新規申し込みは、2022年6月30日で終了。
出所：TRENDE社ホームページなどから野村総合研究所作成

160

物となり、同社が設備の修理・メンテナンスを担う。また、これらの運用もTRENDE社が担い、需要家は、太陽光発電と蓄電池及び系統からの電力を、いずれから給電されたかを気にすることなく利用することとなる。契約期間は10年間で、利用料は、上限である6000kWh/年（＝月500kWh/年）までは2万9800円/月（税抜き）の定額となっている。契約期間中の電気料金単価のみを考えると割安なメニューとは必ずしもいえないが、需要家は、契約期間満了後には太陽光発電と蓄電池設備を、TRENDE社から無償譲渡される。また、太陽光発電と蓄電池設備のメリットとして、災害などによる停電時にも電気を利用することができる（いずれも2022年10月、執筆時点）。

DER関連サービスと配電・小売の統合

特定エリア内において再生可能エネルギーなどの電源を保有・運用し、蓄電池やDRソリューションなども活用しながら、エリア内の需要家に電力を提供するマイクログリッドサービスは、DER関連サービスと配電・小売事業を統合した姿といえる。米国などの先進市場では、マイクログリッド市場は近年普及してきており、今後もその拡大が見込まれる。日本国内においても、前章までに述べたように、配電ライセンスなどの制度整備が進み、政府補助による実証的な取り組みが進むなど今後の拡大が期待される。

4.1.2　非エネルギーサービスとの連携・統合

以上のようにDER関連サービスにおいては、エネルギーサービス内で、さまざまな形で他サービスなどとの統合が進んできている。これに加えて、DER関連サービスにおいては、非エネルギーサービスとの連携や統合も進んできているといえる。

昨今、通信事業者、住宅事業者、自動車・電機メーカーなどの、従来は

図 4-3 エネルギーサービスと非エネルギーサービスの連携・統合 3つの視点

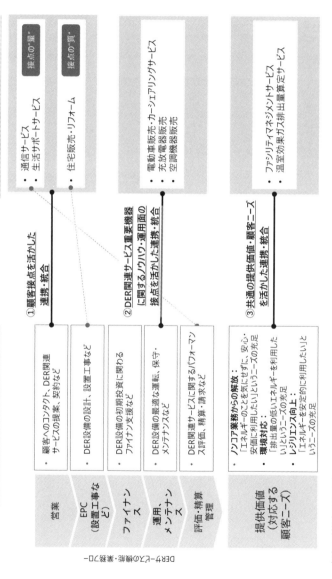

出所：野村総合研究所作成

DER関連サービスを含むエネルギーサービスを行ってこなかった、もしくは限定的な関与しかしてこなかったプレーヤーが、新たにDER関連サービス事業に参画をしたり、従来とは異なるポジションで事業を展開してきている。また、逆に、電力事業者やガス事業者といった、従来のDER関連サービスを含むエネルギーサービスを行ってきたプレーヤーが、非エネルギーサービスに参画したり、これらを提供する事業者との連携を積極化・強化してきている。このようなDER関連サービスを含むエネルギーサービスと非エネルギーサービスとの連携・統合の動きを、ここでは、①顧客接点を活かした連携・統合、②DER関連サービス重要機器に関するノウハウ・運用面の接点を活かした連携・統合及び③共通の提供価値・顧客ニーズを活かした連携・統合という3つの視点で整理している。なお、図4-3中のDER関連サービスの機能・業務フローや提供価値及び非エネルギーサービスは例示であり、これらに限定されるものではないことにご留意いただきたい。

①顧客接点を活かした連携・統合

　まず、DER関連サービスをはじめとするエネルギーサービス及び非エネルギーサービスで事業者が保有する顧客接点やアカウントを活かした連携・統合が想定される。そして、このパターンによるエネルギーサービスと非エネルギーサービスの連携・統合には、（a）顧客接点の「量」を活かす視点と、（b）顧客接点の「質」を活かす視点が考えられる。

（a）顧客接点の「量」を活かす視点

　DER関連サービスにおいてではないが、電力会社やガス会社などのエネルギー企業は、特定の地域を中心に多くの顧客を持ち、月々の支払いを含むサービスを提供している。一方、モバイルやインターネット回線を提供する通信事業者は、全国に多くの顧客を保有し、月々の支払いを含むサービスを提供している。このような顧客接点・顧客アカウント数の多さを

利用して、エネルギー企業が非エネルギーサービスを展開したり、非エネルギー企業がエネルギーサービスを展開する例は、昨今多く見られる。

　まず、電力会社やガス会社などは、従前より関係会社や他社との協業を通じて、自社の顧客に通信サービスや見守りサービスなどを紹介・提供してきている。これに加えて、近年は、より多くの生活関連サービスについて、窓口機能を担ったり、電気・ガス料金とのセットプランを提供したりしている。例えば、関西電力は2021年2月2日に、電気やガスを契約している「はぴeみる電」の会員約586万件（同年1月末当時）を対象に、生活関連のサービスを提供するECモール「かんでん暮らしモール」を開設した。生活関連サービスを提供する事業者は、関西圏を中心に強固な基盤を持つ関西電力の顧客接点を活用して、さまざまな暮らしのお役立ちサービスを提供することができ、図4-4に示すように多岐にわたるサービスが取り揃えられている。保険商品などの関西電力自体がサービス提供を行う場合もあるが、多くのサービスについては、外部の事業者らがサービス提供を担っており、各社は「かんでん暮らしモール」向けに特典を用意するなどしている。[62][63]

　通信事業者などの多くの顧客接点を持つ事業者は、DER関連サービスをはじめとするエネルギー事業に参入してきている。モバイル大手各社や、一部のケーブルTV事業者などは、電力小売自由化以後、順次、小売電気事業に参入しており、通信サービスなどとのセット化などにより、新電力としては大きなシェアを獲得している。そして、これらの事業者は、電力小売のみではなく、DER関連サービスの提供を開始もしくは検討している。例えば、KDDIは、2016年4月の電力小売全面自由化後に小売電気事業に参画し、「au電気」のサービスを展開している。auのモバイルサービスとのセット化プランを提供したり、既存の営業接点・営業チャネルを有効活用し、「au電気」のサービスを324万件（2021年12月末時点）もの需要家に提供している。

　さらに、子会社であるエナリスとともに、経済産業省のVPP構築実証

図 4-4　関西電力「かんでん暮らしモール」のサービス一覧（2022 年 7 月 25 日時点）

不動産/住宅	家事サポート	生活サポート
・留守宅管理 ・住宅設備修理 ・エクステリア ・剪定・造園 ・電気工事 ・住宅備品販売 ・リフォーム ・住宅ローン	・自転車保険 ・がん保険 ・医療保険 ・傷害保険 ・介護保険 ・地震に備えるEQuick保険 ・生命保険相談サービス	・収納 ・ワイシャツレンタル ・害虫・害獣駆除 ・防犯 ・ペットのお世話 ・デジタル機器設定・修理 ・遺品・生前整理 ・ペット葬儀 ・便利家電・グッズ ・デザイン家電 ・食器・調理器具 ・はかどりグッズ ・水宅配 ・教育ローン ・引越し ・子供服 ・駐車場シェア ・おやつの定期便 ・家具・家電サブスク ・家族信託 ・ベビーフード ・クラフトビールの定期便 ・出張買取 ・電動自転車サブスク ・コツコツ投資 ・太陽光発電投資

保険	ヘルスケア/学び	
・ハウスクリーニング ・宅配食 ・クリーニング ・衣類の洗濯 ・出張シェフ ・ヘルシーミール ・家事代行	・オンラインフィットネス ・遺伝子検査キット ・プログラミング（子供） ・オンライン英会話 ・知育玩具 ・栄養検査キット ・がんリスクチェック ・パーソナルiPS	

出所：関西電力ホームページより野村総合研究所作成

に主体的に参画し、DERの効果・効率的な活用に向けて積極的に取り組んできている。[64]

（b）顧客接点の「質」を活かす視点

　DER関連をはじめとするエネルギーサービスを営業・販売することに適した顧客接点を持つ非エネルギーサービス事業者は、必ずしもその顧客接点数は多くなくとも、エネルギーサービスとの連携・統合を強めてきている。例えば、一般家庭においては、多くの場合、新築住宅購入やリフォーム時に、どのような住宅設備機器を導入するかについての検討を行うこととなる。このため、住宅メーカーやリフォーム事業者などは、太陽光発電や蓄電池設備の購入意思決定を行うタイミングに、効果的にアプローチができる接点を持っているといえる。住宅やリフォーム市場は、前述のエネルギーや通信サービスに比べると、フラグメンテッドな市場で、大手事業者にしても顧客接点の「量」という視点では、そこまで大きくない（例えば、ハウスメーカーの販売戸数は、業界最大手企業でも1万件/年程度）。しかし、DER関連サービスの営業を行ううえでは、効果的なタイミングで顧客にアプローチができるという点で強みを持っている。

　このため、以前より、エネルギー事業者や設備機器メーカーと住宅メーカーなどは連携を進めてきており、ハウスメーカーなどが太陽光発電などのエネルギー設備の販売・設置を担ってきた。近年は、これに加えて、前章で挙げたようなDER関連サービスも含めた連携が行われるようになってきている。例えば、東京電力グループのTEPCOホームテック社は、太陽光発電や蓄電池などの機器を対象としたTPOサービスである「エネカリ」を、住宅不動産などの事業者と連携して展開している。同社は、多くの事業者と連携をしているが、住友不動産との連携では、2021年9月に「すみふ×エネカリ」とサービスを立ち上げ、住友不動産が施工する新築戸建住宅に対する、太陽光発電TPOサービスの提供を進めている。[65]

② DER 関連サービス重要機器に関する
ノウハウ・運用面の接点を活かした連携・統合

　エネルギーの消費量が大きく、その効果的・効率的な運用がエネルギーコスト低減のために重要である設備機器及び柔軟な運用が可能で調整力リソースとして有望である設備機器は、DER関連サービスにおいて重要な役割を果たす機器であるといえる。DER関連サービス重要機器としては、太陽光発電設備やコージェネレーションシステム、その他自家発電設備、蓄電池、その制御関連設備、電動車や充（放）電設備などが挙げられる。これらの機器のノウハウを持ち、運用面での接点を担っているようなサービス／事業者は、DER関連サービスを含むエネルギーサービスと連携・統合的なサービスを行う候補となり得る。

　例えば、電動車は、今後生じる大きな電力需要機器であり、電動車の効率的な充電マネジメントは、個々の需要家の電気代を抑える視点からも非常に重要である。さらに、電動車は、今後、各種制度が整えば、調整リソースとしても大きなポテンシャルを持っている（1章参照）。そのため、自動車メーカーやカーシェアリング事業者などは、EV充電マネジメントを含むエネルギーサービスについて積極的に検討を行っている。実際、トヨタ自動車、本田技研工業、日産自動車などの自動車メーカー各社は、いずれもエネルギーマネジメントやVPPなどの実証・事業を実施し始めている。例えば、ホンダモーターヨーロッパ・リミテッドは、英国において「e:PROGRESS」というEV向けエネルギーマネジメントサービスの提供を既に開始している。これは、変動型電気料金を提供する小売電気事業者Octopus Energyなどと共同で、Hondaの電動車（Honda e）オーナーに対して提供するサービスであり、電力コストの低い時間帯に自動的に充電を行うことで、電気代の低減を実現するものである。[66] 現在、日本では、このような変動型電気料金が一般的でなく、また、低圧リソースが市場参入できる状況が十分に整っていないこと（2.2.3項参照）などから、電動車の運用面にまで踏み込んだ制御が必要になることは限定的である。しかし、昨

今の需給ひっ迫以降、徐々に市場価格連動型の電気料金を導入する小売電気事業者が増えてきている。このような状況の下、今後、電動車を調整リソースなどとして活用できる素地が整ってくれば、電動車オーナーの充電行動や嗜好、走行情報などの自動車メーカーが優位性を持って得られる情報・ノウハウを活用したエネルギーサービスの開発・提供が求められるようになり、その際には、エネルギーサービスと電動車関連サービスの密な連携や統合化が必要になってくることが想定される。

③共通の提供価値・顧客ニーズを活かした連携・統合

　DER関連をはじめとするエネルギーサービスに対する顧客ニーズと、非エネルギーサービスに対する顧客ニーズとの間に何らかの共通性が認められる場合、その共通のニーズを核とした連携・統合が進み得る。エネルギーサービスと非エネルギーサービスは、当然、それぞれに異なる効用をもたらすサービスなので、（価格ニーズなどを除く）個別具体的な顧客ニーズが同じものであるということは基本的にない。しかし、それぞれのニーズをより上位のニーズに昇華させると、エネルギーサービスと共通的なニーズを持つ非エネルギーサービスは存在する。

　例えば、一部の業務産業需要家は、「エネルギーのことを気にせずに、安心・安価に利用したい」というニーズや「排出量の低いエネルギーを利用したい」というニーズを持っている。これらは、エネルギーサービスに関するニーズであるが、それぞれのニーズをより上位のニーズに昇華させると「ノンコア業務から解放されたい」、「環境対応をしたい」というニーズであるといえる。顧客ニーズをこのように定義すれば、それを充足するサービスは、エネルギーサービスに限られるものではない。そのため、このような上位のニーズを充足し得るエネルギーサービスと非エネルギーサービスは、連携・統合化し、トータルサービス・ソリューションとして顧客に提供することに意義があるといえる。具体例としては、日立製作所による「EFaaS」が挙げられる。EFaaSは、Energy & Facility Management as a Serviceの略で、エネルギーとファシリティ管理を一括化したアウトソーシングサービスである。これは、顧客が持つ「ノンコア業務から解放されたい」、「設備の運用・管理に関する初期投資を軽減したい」といったニーズに対して、設備の新設・更新計画の際、立案から投資、運用までをサポートするファシリティマネジメントと、DRなどのソリューションを含むエネルギーの最適運用を担うエネルギーマネジメントを一体化させたサービスにより応えるものであるといえる。[67]

　昨今、エネルギー関連領域に限らない多くの業界・企業において、UX（ユーザーエクスペリエンス）という言葉が使われるようになっている。多くの会社において、「UX ＝ ユーザーが製品やサービスを通じて得られる体験」をデザインし、（個別の製品・サービスではなく）それ自体を提供していくという議論が盛んに行われ、一部の企業により、その挑戦がなされている。このような世の中の流れのなかで、共通の顧客ニーズを満たすためのサービスの連携・統合という形は、今後、前述の例に限らないさまざまな形で出現してくることが考えられる。

4.2　各種サービスの結節点としての統合化の視点

　これまで (1) エネルギーサービス内の統合及び (2) 非エネルギーサービスの連携・統合のそれぞれにおける統合の視点を述べてきたが、これらの視点以外に、連携・統合を捉える視点として、「データ」を取り上げたい。ここでいうデータとは、サービスの提供を通じて得られる顧客情報やサービス運用上の各種情報のことを指す。これらのデータを、エネルギーサービス間やDER関連サービスを含むエネルギーサービスと非エネルギーサービスの間で連携し、活用することで、それぞれのサービスにおいて競争力を高められる可能性がある。

　一例として、電力小売サービスとDER関連サービスの統合（(1) ③ DER

関連サービスの電力事業 VC 上での統合）について考えたい。まず、これらのサービスを提供する事業者は、電力小売サービスを通じて、需要家の電力の消費パターンに関わるデータを得ることができる。このため、当該事業者は、電力消費データを分析することで、どの需要家に、どのような DER 関連サービスを提供することが有効かを知ることができる。また、需要家に対して DER 関連サービスの提案を行う際に、需要家がサービス利用により、どの程度のメリットを得られるかについて、定量的に示すことも可能となる。

　例えば、DR サービスを展開する事業者が、需要家の電力消費データを取得できれば、それを分析することで、容量市場において発動指令がされ得る時間帯や電力価格が高騰しがちな時間帯に特に電力を多く消費しており、かつ、その時間帯に需要低減を行うことができる可能性の高い需要家（すなわち DR サービスに適した需要家）を見出すことができる可能性がある。また、このようなデータ分析から見つけ出した需要家に対して DR サービスの営業を行う際には、その需要家の電力消費実績に応じた詳細なシミュレーションを行うことで、DR サービスの利用によりどの程度の需要削減が実現でき、それによって、どの程度の報酬が得られそうかを定量的に示すことも可能となる。

　同じことは、TPO サービスや EV 充電マネジメントサービスの展開においてもいえるだろう。このことから、電力消費量というデータは、DR や TPO・EV 充電マネジメントなどの DER 関連サービスと電力小売サービスを結び付け、統合的に提供していくことに寄与し得るといえる。

　以上のような、データによる連携・統合は、これまで述べてきた (1)①〜③及び (2)①〜③の各視点における連携・統合を補強し得るものであり、各視点と共存し得るものであるといえる。ここまで述べてきた DER に関する統合化の視点を整理すると、図4-5 のとおりとなる。

　これらの各エネルギーサービスの連携・統合の視点の整理は、言い換えれば、「どのような要素が結節点になって、各サービスの連携・統合が成

図 4-5　DER 関連サービス統合の視点

（1）エネルギーサービス内での統合

・①DER関連サービス自体の統合

・②各サービスの業務・提供機能上の統合

・③電力事業のVC上での統合

（2）非エネルギーサービスとの連携・統合

・①顧客接点を活かした連携・統合

・②DER関連サービス重要機器に関するノウハウ・運用面の接点を活かした連携・統合

・③共通の提供価値・顧客ニーズを活かした連携・統合

データを活かした
連携・統合

（注）それぞれの視点は、互いに独立ではなく、かつ複数の視点が組み合わせた形による DER 関連サービスの連携・統合の動きが存在し想定され得る。
出所：野村総合研究所作成

立し得るか」についての整理を行ったものということができる。すなわち(1) エネルギーサービス内の統合については、①DER関連サービス間に共通する提供価値（例：蓄電池関連サービスやEVマネジメントサービスに求められるDR運用に関する提供価値）、②DER関連サービスにおける各業務・提供機能に共通する顧客ニーズ（例：機器購入からファイナンスや運用もすべて一手に任せてしまいたい、任せてもよいというニーズ）及び③DER関連サービスと小売電気事業などに共通する業務・機能（例：各DER関連サービスに求められる顧客営業・決済アカウント管理）が、エネルギーサービス内で各サービスを統合させる結節点になり得るといえる。(2) 非エネルギーサービスの連携・統合についても、①共有可能な顧客接点（例：エネルギーサービス・非エネルギーサービスの双方で活用可能な営業チャネル）、②重要機器に関するノウハウ・運用面の接点（例：DER関連サービスの高度化に活かし得る主要機器の運用サービス）及び③共通の提供価値・顧客ニーズ（例：ノンコア業務からの解放・環境対応など）が、エネルギーサービスと非エネルギーサービスを連携・統合させる結節点になり得るといえる。

そのため、新たにDER関連サービスの展開を考える事業者においては、自社の事業・サービスや保有機能が前述のいずれかの形で、DER関連サービスと結節点を持つことができるかを考察することで、自社の事業・サービスとDER関連サービスの連携・統合の方向性について検討を深めることができると考えられる。この際、前述のとおり、各視点は、互い独立ではなく、かつ複数の視点の組み合わせた形による連携・統合があり得るため、どのような組み合わせ・優先順位でサービスを組み立てるべきかを検討することが各事業者には求められる。

4.3 DER関連サービス統合化の方向性

4.3.1 DER関連サービス統合化の目的

前節では、DER関連サービスの連携・統合化の視点、すなわちサービス間の結節点の候補について述べてきたが、ここでは、エネルギーサービス内の統合及びエネルギーサービスと非エネルギーサービスの連携・統合を推進する事業者の狙いについて、検討・整理を行いたい。

エネルギー事業者がDER関連サービス事業を統合したり、非エネルギーサービス事業を展開したりする理由及び非エネルギー事業者がエネルギーサービス事業を展開する理由としては、主に（a）新サービスによる新たな収益獲得、（b）既存サービスの競争力向上・顧客囲い込み、（c）新サービスを通じた既存サービスの顧客獲得などが想定される（図4-6）。

（a）新サービスによる新たな収益獲得

DER関連サービス内での対応する業務・提供機能の領域を広げたり、新たにDER関連サービスの提供を行ったりすることで新たな売上・利益を得ること、もしくは非エネルギーサービスの提供やその業務の一部を行うことで新たな売上・利益を得ることが、サービスの連携・統合を行う狙

図 4-6　DER 関連サービス統合化の目的

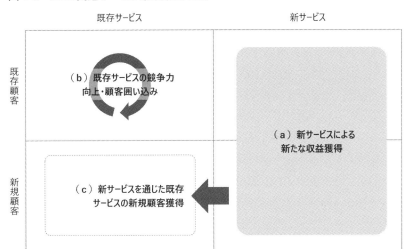

出所：野村総合研究所作成

いのひとつとなり得る。

　例えば、太陽光発電システムの設置・販売を行っていた事業者が、太陽光発電の TPO サービスにより、太陽光発電のファイナンスや運用に関わる付加価値を内部化して収益拡大を目指すことや、小売電気事業のみを行っていた電力会社が、同サービスを開始することで新たな収益源とすることを目指すことが新サービスによる新たな収益獲得を狙いとした連携・統合化の動きであるといえる。

　新サービスによる新たな収益獲得のニーズは、どの会社にも共通して存在し得るが、従来よりエネルギー事業に関わってきた事業者にとっては、当該ニーズが特に大きいといえる。本書の主題にあるように、分散型エネルギーリソースが拡大し、エネルギーシステム・バリューチェーンにおける付加価値の川下へのシフトが進む裏では、バリューチェーン上流（資源開発・生産、集中型発電など）における付加価値の低下が進んでいる。このような付加価値変化に対応し、事業ポートフォリオを変革していく意味

で、バリューチェーン上流の付加価値を享受してきた事業者ほど、DER関連サービスや非エネルギーサービスで新たな収益を獲得するニーズが高いと考えられる。

（b）既存サービスの競争力向上・顧客囲い込み

　各事業者の既存顧客に対する既存サービス提供において、既存サービスの競争力を高めること及び既存顧客を囲い込むことは、DER関連サービスに関わる連携・統合化の狙いとなり得る。

　まず、これまで連携・統合化の各視点において述べてきたように、各サービスを連携・統合することで、より高度な運用や顧客ニーズへの訴求が実現できる可能性がある。また、各サービスの連携・統合化により、それぞれのサービスの提供に必要なコストを共通化し、コストダウンが図れる可能性もある。例えば、各サービスが持つ接点を活用した営業活動やセット化したサービス契約により営業費用の低減が見込めたり、精算・請求・顧客管理などの共通化によりバックオフィスに関わる費用の低減が見込めたりする可能性がある。したがって、既存サービスの競争力強化を図ることは、連携・統合化のひとつの狙いとなり得る。

　これに加えて、複数のサービスをまとめて提供することで、各サービスの顧客離脱率を下げ、既存サービスの顧客を囲い込むことも狙いのひとつとなり得る。一般的に、月ごとなどの定期的な支払いを伴うようなサービスを複数種、同じ事業者から購入をしている場合には、それぞれのサービスを別の事業者から購入している場合よりも、顧客がサービス提供事業者を変更する可能性は低くなるといわれている。これは、複数のサービスをセット化したパッケージ契約や割引料金を設定したりすることで、お得感を利用者に与えられる（事業者として広告宣伝やバックオフィス機能の共通化による割引原資が得られる）ということに加えて、ひとつのサービスを切り替えることで、他サービスの契約にまで影響が及ぶことによる心情的な障壁や手続き上の障壁（心理的・物理的スイッチングコスト）が高ま

図 4-7　電力大手 3 社及び通信大手 3 社の営業利益率の推移

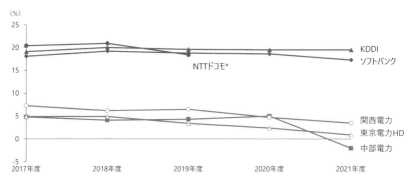

*NTT ドコモは、2020 年 12 月 25 日に上場廃止のため 2019 年度まで。
出所：各社有価証券報告書より野村総合研究所作成

るためである。例えば、多くの通信事業者は、モバイルやインターネット回線といった通信サービスにおける顧客の離脱率（チャーンレート）を下げるために、通信サービスとセット化した（もしくは通信サービスの契約を前提とした）電力小売などのエネルギーサービスを提供している。エネルギーサービスとのセット化によるチャーンレートの低下については、明確な統計などは存在しないが、エネルギー事業を行う通信事業者の担当者などによると、実際にエネルギーサービスのセット化・提供は、通信サービスの顧客離脱防止に効果があったといわれている。

　既存サービスの競争力向上・顧客囲い込みのニーズは、既存サービスにおける収益性が高いような事業者において特に大きいと思われる。例えば、通信事業者の営業利益率は、電力小売などを含むエネルギーサービスよりも高いことが一般的である。この点は、各事業の大手3社の営業利益率の推移を比較した図4-7により明らかである。このため、通信事業者にとっては、既存サービスである通信サービスを維持・拡大するために、DER関連を含むエネルギーサービスに取り組むインセンティブが強く働き得るといえる。

（ｃ）新サービスを通じた既存サービスの顧客獲得

　新たに取り組むエネルギーサービスや非エネルギーサービスが、顧客にとってのメリットが大きかったり、目新しさがあったりする場合は、新たに取り組むサービスの提供を契機として、そのサービスと連携・統合させた既存サービスの顧客を獲得することが、連携・統合化の狙いのひとつとなり得る。新たに取り組むサービスが顧客に訴求するものであることは重要であるが、それに加えて、新たなサービスを持つこと自体が営業担当にとって顧客訪問の良いきっかけともなり得る。既存サービスを売り込む営業活動を既に実施し、その購入を断られてしまった顧客には、既存サービス自体に大きな変化（新機能の追加や大幅な価格改定やキャンペーンなど）がない限り、再度訪問し、営業することは困難な場合が多い。そこで、既存サービスとセットで営業できたり、一体化したサービスとして提供することができる新サービスがあれば、営業担当としては、一度断られた顧客にも改めて営業活動を行うことができる。このような意味においても、新サービスを通じた既存サービスの顧客獲得の可能性が期待され得る。

　新サービスを通じた既存サービスの顧客獲得のニーズは、（ｂ）既存サービスの競争力向上・顧客囲い込みと同じく、既存サービスにおける収益性が高いような事業者においてより高いと想定される。

4.3.2　結節点の強さから見る統合化の方向性

　最後に、今後のDER関連のサービスの統合化の方向性について、DER関連サービス間の結節点（すなわち統合の視点）の強さに着目した考察を行いたい。

　これまで述べてきたようなDER関連サービスの連携・統合化の流れは、既に起こっており、今後もこの流れは加速していくものと思われる。しかし、各サービスの連携・統合化の在り方については、これからも複数の事業者がそれぞれのサービス間で比較的緩い連携を続けるにとどまるものも

あれば、今後は、より本格的に統合化が進み、単一の事業者が統合的なサービスの提供・運用を行うようになるものも出てくると考えられる。このような連携・統合の在り方は、各サービスの結節点の強さにより決まってくるものと考える。

まず、結節点が弱いサービス間では、各サービスを提供する事業者同士が緩い連携を行い、それぞれの事業者から、それぞれのサービスの提供が行われていくと考えられる。例えば、「(2) ①顧客接点を活かしたエネルギーサービスと非エネルギーサービスの連携・統合」について、特にデータ連携なども伴わず、各サービス間で相互送客を行うような連携を行う場合については、各サービスを提供する事業者がそれぞれ顧客（需要家）にサービスを提供することになるだろう。具体的には、前述のとおり、一部の電力会社などはクリーニングや宅食などの生活サポート事業者と組み、これらのサービス提供の窓口を担うような連携を行っているが、このような連携は、少なくとも現状は顧客接点や決済機能のみを活かした比較的弱い結節点によるものと考えられる（多くの場合、両サービスを連動させた運用などまでには踏み込んでいない）。そのため、これからも電力会社などが電力小売やDER関連サービスなどのエネルギーサービスを提供し、生活サポート事業者がクリーニングや宅食などの生活サポートサービスを提供する形で、比較的緩い連携が続くことが想定される。

一方、結節点が強いサービス間では、各サービスを提供する事業者間で、より踏み込んだ連携がなされ、単一の事業者が統合的なサービス提供・運用を行っていくことが想定される。まず、一部のエネルギーサービス内の統合では、各サービス間の相互送客や単なるセット販売といった枠を越えた、M&A（合併・買収）などによる事業者の統合なども含む、統合的なサービス提供・運用が進んできている。前節で述べた、DRやTPO・EV充電マネジメントなどのDER関連サービスと電力小売サービスの統合は、電力消費量データや顧客接点を結節点とした強固な連携・統合の例といえる。実際に、欧米のDER関連サービスが先行する地域においては、電力

事業者などがDER関連サービス事業者を買収し、DER関連サービスを自社のサービスとして提供する例が多く見られる（イタリアの大手電力事業者Enel社によるDRグローバル大手のEnerNOC社やEV充電マネジメント事業者のeMotorWerks社の買収や、フランスの大手電力事業者Engie社による蓄電池関連サービス事業者のGreen Charge Networks社やEV充電マネジメント事業者のEV-Box社の買収など数多くの事例が挙げられる）。

　エネルギーサービスと非エネルギーサービスの連携・統合についても、強い結節点を持つサービス間では、本格的な統合化が進むことが想定される。例えば、電動車関連の非エネルギーサービス（電動車販売、充電設備販売、カーシェアリングサービスなど）に関しては現状、既に一部の事業者がエネルギーサービスと連携したサービスを展開し始めている。前述のホンダの例にとどまらず、日本国内においても、カーシェアリング向けのCO_2フリーの充電サービスや、V2Hに対応した充放電器の販売・運用が既になされている。今後、電動車をDRやVPPのリソースとして本格的に活用できるような市場制度（低圧リソースの市場活用など）や、技術（低圧リソースの制御技術など）が整ってくれば、より統合的な運用がなされるようになってくることも考えられる。将来的には、自動車メーカーなどの電動車関連事業者が電力小売や太陽光発電・蓄電池・充電設備のTPO型サービス、EV充電マネジメント・DRサービスなどを一体的に運用し、提供するようなことも想定され得る。

　以上のように、エネルギーサービスと非エネルギーサービスの連携については、顧客接点の活用のみの比較的弱い結節点による連携も多くみられるが、電動車関連サービスのように、一部のサービスについては、より強固な結び付きが実現され、本質的に一体的な運用・サービス提供がなされていくとみられる。このようなより密接なサービス間の統合が進んでいくと、エネルギーサービス・非エネルギーサービスを提供するそれぞれの事業者は、自社が現状保有する機能やノウハウのみでは、顧客により訴求す

る競争力のあるサービスを提供することができなくなる。そのため、各企業は、今後のサービス統合化の流れについての見通しを立て、自社の強みなどを活かしながら、自社に不足する機能・ノウハウを持つ事業者と密に連携したり、買収などにより内部に取り込んだりしていくことが重要となる。このような各企業が取るべき動き・目指すべき方向性については、次章にて詳しく述べる。

セクターカップリング〜電力セクターと他セクターの融合

　本章では、エネルギーサービス内での統合及びエネルギーサービスと非エネルギーサービスの連携・統合の視点について述べてきたが、これらとは異なる角度で、DER関連サービスも関与し得る統合の視点として、「セクターカップリング」といわれるものがある。

　セクターカップリングとは、明確な定義はないものの、一般的に「従来は別々のセクター（業界）であった電力セクターと、熱セクターや運輸セクターもしくは燃料セクターが連携・融合されること」をいう。再生可能エネルギーの普及を背景に、これまで電力分野に比べて脱炭素化が難しかった熱や運輸などといった分野における脱炭素化を進める手立てとして、ドイツをはじめとする欧州などを中心に多く語られている概念である。

　セクターカップリングは、再生可能エネルギーなどに由来する脱炭素電力を前提にして、「消費の電化」と「電力による燃料などの製造」という2つのアプローチをもって進められ得る。これを言い換えれば、従来の電力以外のエネルギー消費を、直接的電化と間接的電化によって置き換えていく動きということもできる。

　まず、「消費の電化」とは、従来、化石燃料をエネルギー源として用いていた設備機器などを、電力をエネルギー源にする設備機器などに置き換えることを指す。エネルギー消費機器自体を電化するという意味で「直接的電化」ともいえる。この典型例としては、EVなどによる自動車の電化が挙げられる。従来、ガソリンや軽油が使われていた自動車が電動車に置き換わり、動力として電力が使われるようになることから、この動きは、運輸・燃料セクターと電力セクターの融合ということができる。また、工場などにおいて、これまで化石燃料をボイラで焚くことで熱を発生させていたプロセスを、電気炉や産業用ヒートポンプにより電力を用いて熱を発生させ

るプロセスに置き換えていくことも「消費の電化」の例として挙げられる。この動きは、熱セクターと電力セクターの融合であるといえる。

　次いで、「電力による燃料などの製造」は、電力から水素や合成メタンなどを製造することを指す。これは、「Power to X」ともいわれ、直接的な電化が難しい設備機器について、それらのエネルギー源を化石燃料から電力由来の燃料などに切り替えるという意味で、間接的電化ともいえる。この典型例としては、水電解装置による水素製造（Power to Gas/Hydrogen）が挙げられる。水電解装置によって、再生可能エネルギーなどのグリーンな電力から水素を製造し、その水素を直接的な電化が困難な工場内のプロセスや、水素自動車・トラック（FCV）などに用いることで、産業・運輸部門の脱炭素化を促進することができるものとして期待されている。この動きは、運輸セクターや燃料セクターと電力セクターの融合であるといえるだろう。なお、水電解装置については、系統における再生可能エネルギー余剰時に需要を作り出す用途としても使え、水素という形でエネルギーを長期間・大量に貯蔵することも寄与するため、系統のフレキシビリティを高めるリソースとしても着目されている。

　以上のようなセクターカップリングは、本章で述べてきたようなDERサービスに関わる連携・統合と必ずしも同義の概念ではない。しかし、セクターカップリングは、電動車や水素自動車を核とした運輸・燃料セクターと電力セクターの統合のように、エネルギー事業内及びエネルギー事業と非エネルギー事業を結び付ける概念である点において、本章で述べてきた連携・統合の視点と通じるものがある。

5

DER関連事業の難しさと
関連企業の
目指すべき方向

5.1 DER関連事業の難しさ

　3章及び4章では、DER関連で国内において拡大しつつあるサービスを概観したうえで、それらが他のエネルギーや非エネルギーサービスと統合してきていることを述べた。今後も1.1節で見てきたようなDERの拡大とともに、DER関連サービスがさらに広がっていくことが期待される。

　一方で、事業者がDER関連の事業を展開していく際、いくつかの難しさが存在することもまた事実である。本節ではまず、筆者らが数多く実施してきたDER関連のコンサルティングプロジェクトを通じて触れてきた、企業が直面する難しさやジレンマについて紹介したい。

　図5-1は、DER関連事業の難しさをまとめたものである。1点目の「DER関連事業の事業上の位置付けの定義」は、言い換えれば「なぜ、DER関連事業に取り組むか（Why）」であるが、これが明確になっておらず、同一社内であっても事業上の位置付けの理解に差があるケースも多い。一方、2点目の「事業モデル転換の必要性」は、「どうやってDER関連事業を展開するか（How）」とも言い換えられる。特にDER関連サービスは、3章で見てきたようにDERの運用により収益を稼ぐモデルが多く、いわゆる「コト売り」に該当するため、多くの事業者にとっては、新たな機能獲得が必要となる。最後の「『事業環境見通しの不透明性』と『顧客囲い込みの先行者利得』のジレンマ」は、「どのような時間軸で、DER関連事業に取り組むか（When）」と換言できるが、制度依存の側面が強いエネルギー関連サービスに特徴的な難しさといえる。制度動向を含めて事業環境が不透明な一方で、需要家を早く囲い込むことが差別化要素となり得るという点に、事業展開の時間軸の設定に難しさがある。

　以降、これらの難しさのそれぞれについて、もう少し具体的に述べていくこととしたい。

図 5-1 DER 関連事業の難しさ

（1）DER関連事業の事業上の位置付けの定義

Why

- DER事業をどこまで位置付けるとして位置付けるのか、又は本業などのDER関連サービス以外のサービスへと繋げるための手段として位置付けるのか、明確化することが必要。
- これが明確になっていない場合、社内で共通認識が取れず、事業開発に向けた取り組みの目的がぶれてしまうことも想定される。

（2）事業モデル転換の必要性

How

- DER関連サービスの多くは、DERを運用して収益を獲得するものであり、これは、DERに関連する多くのプレーヤー（ユーティリティ、DERメーカーなど）にとって事業モデルの転換を伴うものである。
- そのため、DER関連サービスに取り組む事業者の多くにとって、これまで求められなかった新たな機能の獲得や、社内外の体制構築が必要。

（3）「事業環境見通しの不透明性」と「顧客囲い込みの先行者利得」のジレンマ

When

- DER関連サービス統合化の流れのなかで、DERに取り組む事業者としては、他社に先行して顧客を囲い込んでいくことが競争戦略上優位に動くと考えられる。
- 一方で、DERに関連する制度設計は、まさに進行中だったり、制度ができて間もないため、今後の事業環境の見通しが難しい。

出所：野村総合研究所作成

5.1.1 DER関連事業の事業上の位置付けの定義

　まず、DER関連事業に参入する事業者としては、DER関連事業の位置付けを明確化することが重要である。すなわちDER関連事業を儲けどころとして位置付けるのか、または当該事業者の本業（機器メーカーであれば機器販売など）へと繋げるための手段として位置付けるのかを明確化することが必要である。

　4章でも触れたとおり、DER関連の各種サービスには、必ずしも個別のサービス単体では高い収益性を望めないものも多い。そのため、DER関連サービスを収益源として位置付ける場合には、複数のDER関連サービスを組み合わせて収益化を目指すことなどが必要である。例えば、米国などの先進市場でも、複数のDER関連サービスを組み合わせ、一連のサービス全体で収益化を目指す「レベニュースタッキング」が重要といわれており、DER関連事業を手掛ける各社は、例えば、DRにより需要家の電気料金削減や需給調整市場への入札などを行うとともに、電力調達に関するコンサルティングを行うなどして、収益の最大化を目指している。国内においても、DER関連サービスを後押しする各種制度などが導入されつつあるものの、レベニュースタッキングが重要であることは米国などと同様である。

　一方で、事業者としては、DER関連サービス単体での収益化を目的とはせず、事業者の本業に繋げるための手段とするような方針も考えられる。例えば、ドイツの蓄電池メーカーであるSonnen社は、蓄電池メーカーでありながら、自社製の蓄電池保有者向けに、電力小売やエネルギーサービスを展開している。[68]ただし、同社では電力関連サービスを収益源である蓄電池販売のための手段と位置付けており、必ずしも電力小売やDER関連サービス単体での収益化は目的としていないとみられる。

　このように、DER関連サービスに取り組む事業者としては、その位置付けを明確にすることが重要となる。これが明確になっていない場合、DER

関連サービスがそれ単体で収益を生み出すものなのか、他商材の競争力向上や顧客囲い込みを目指すものなのかについて、社内で共通認識が取れず、事業開発に向けた取り組みの目的がぶれてしまうことも想定される。その結果、例えば、手段として位置付けるべきDER関連サービスに多大なコストをかけて過剰品質のものをつくってしまったり、反対に、DER関連サービスを中心としたソリューション事業への転換を図るべきなのに、大胆な投資を行えずに事業が縮小してしまったりすることも想定される。あえて誤解を恐れずにいえば、「DER関連サービス単体では、必ずしも大きな収益を得られなくとも、一定の収益は得たい」といった中途半端なスタンスでは、DER関連サービスの位置付けが明確にならず、社内の混乱を招く結果にもなりかねない。その点でも、DER関連事業の位置付けを明確化したうえで、社内で共通認識を取っていくことが非常に重要である。

5.1.2 事業モデルの転換の必要性

　台頭してきているDER関連サービスの多くは、DERを運用して収益を獲得するものであり、これはDERに関連する多くのプレーヤー（ユーティリティ、DERメーカーなど）にとって事業モデルの転換を伴うものである。そのため、DER関連サービスに取り組む事業者の多くにとって、これまで求められなかった新たな機能の獲得や社内外の体制構築が必要になる。

　例えば、DERを運用制御して市場入札する場合、市場取引価格や需要家の電力需要などを予測する機能や、市場収益の最大化を実現する入札アルゴリズムの構築・運用機能、DERの稼働状況を管理・保全する機能及び顧客ごとに契約メニューや実績を管理し、報酬計算・精算を行う機能などが必要と想定されるが、これらは多くのプレーヤーにとって新規に獲得が必要な機能となり得る。また、DER関連サービスの統合が進むなかで、数あるサービスの中から顧客のニーズに応じて最適なメニューを選定するよう

なコンサルティングの機能も重要になってくると想定される。企業によっては、機器販売部門、保守部門、情報システム部門などの事業部門間や、本社と販売会社など関係会社の間、ともするとこれまで少なかった事業部門間・商流間の連携も必要になってくるだろう。

　ただし、どこまでの機能を自社で担い、どこからは他社パートナーとの連携で補完するかについては、十分な検討が必要である。例えば、先に挙げたコンサルティング機能は、DER関連サービスの統合を目指す各企業が獲得を志向しているものの、コンサルティングサービスには一定の専門ノウハウが求められ、かつ、その事業規模は人数に依存し、スケールしにくい側面がある。そのため、機器販売などを手掛ける事業者にとっては、関連する機能を自ら取り込むことが必ずしも得策ではないケースも想定される。「コンサルティング」という言葉の定義は広いものの、どこまでは自社機能として取り込むか、どこからはパートナーとの連携により獲得するかは、その事業上の位置付けを明確化したうえで、適切に設定することが必要である。

5.1.3 「事業環境見通しの不透明性」と 「顧客囲い込みの先行者利得」のジレンマ

　4章で述べたように、DER関連サービスでは、エネルギーサービス間や非エネルギーサービスとの間の統合が進んでいる。そのため、DER関連サービスの受け手である需要家からすれば、多くのサービスを単一事業者から受けることになり、事業者を切り替えるスイッチングコストが上がっていくことが想定される。したがって、事業者の目線では、複数のサービスを需要家に対して提供しながら、顧客の囲い込みを行うことの重要性がより増大していくことが想定される。また、DERに取り組む事業者の目線では、他社に先行して顧客を囲い込んでいくことが競争戦略上、優位に働くと考えられる。

　一方で、DER関連サービスは、市場環境の不透明性が多く残っている市場でもある。DER関連サービスは制度設計に依存するところが大きいが、その制度設計がまさに進行中だったり、制度ができて間もなく、市場価格が読みにくくかったりするのが現状である。例えば、DR事業の主要収入源として期待される容量市場について、初年度のオークションと2年度目のオークションでは、DR（発動指令電源）の調達上限やオークション方法についての変更がなされてきており、事業者にとっては、今後も市場制度に関わる不透明性が高い状態といえる。さらに、容量市場初年度は、約定価格が1万4137円/kWと上限に近い価格だった一方、2021年度のオークションでは、北海道と九州を除くエリアでは3495円/kW、北海道と九州では5242円/kWと、約定価格が大幅に下落した[69][70]。これは、容量市場を収益源と目論む事業者からすれば、大きな事業環境の変化である。

　そのため、先行者利得を見込んで早期にDER市場に参入することは、事業者の優位性をもたらす可能性がある一方で、一定のリスクを伴うともいえる。特に、前述のとおりレベニュースタッキングが重要であるなかで、一部のメニューが今後の制度設計次第となると、事業の収益性にリスクが残ることになる。事業者としては、他社に先行して事業参入することのメリットと、DER関連事業を巡る制度設計や市場価格などのリスクを天秤にかけて、事業参入の意思決定を行うことが必要となる。

5.2　関連企業の取るべき動き・目指すべき方向

　5.1節では、DER関連の事業展開にあたっての難しさを見てきた。これらの難しさに対して、DER関連サービスを展開する事業者は、どのように対応すればよいだろうか。本節では、DER関連企業の取るべき動き・目指すべき方向について述べ、本書を締め括ることとしたい。

図 5-2 関連企業の取るべき動き・目指すべき方向

DER関連事業の難しさ

関連企業の取るべき動き・目指すべき方向

(1) DER関連事業の事業上の位置付けの定義

→ A. DER関連サービスの稼ぎどころの明確化

・顧客へのフックとなる「入口商材」や、自社の稼ぎどころである「出口商材」を明確化し、その展開シナリオを設定
・事業展開を行うなかでも、定期的にそのシナリオどおりに展開できているかモニタリング

(2) 事業モデルの転換の必要性

→ B. プレーヤー間の連携

・DERサービス統合化が進むなかで、他社と連携してサービス提供体制を構築
・他社連携のステップ例としては、①必要機能の棚卸し、②必要機能の内外製方針の設定、③不足機能の調達など

(3) 「事業環境見通しの不透明性」と「顧客囲い込みの先行者利得」のジレンマ

→ C. 制度把握と働きかけ

・DER関連事業に影響を与えるため、変化の激しい制度動向を継続的にウォッチ
・国が実施する実証事業に参加したりして、事業者の目線で制度課題を指摘し、その解決策を提案していくことも重要

→ D. 不透明性が残るなかでの意思決定・事業開発

・事業環境には、不透明性が残るため、そのなかで意思決定を行っていくことが必要
・そのために、①不確実性があるなかでも大局観を持った一貫した姿勢に加えて、②目まぐるしく変わる制度・市場に臨機応変に対応していく姿勢が重要

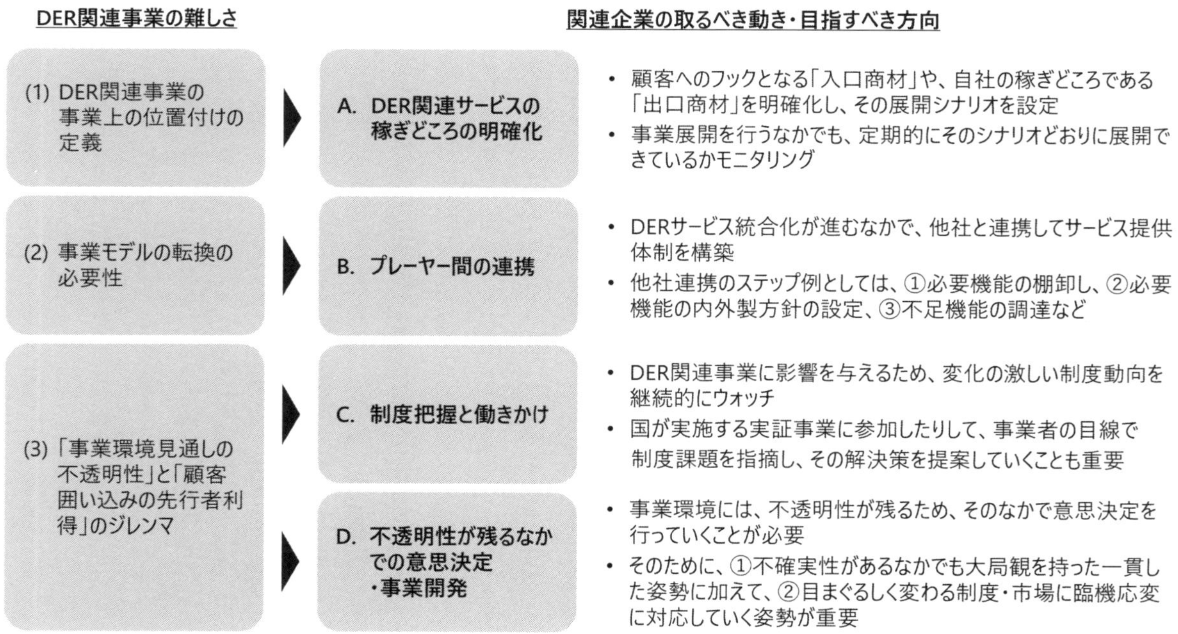

出所：野村総合研究所作成

5.2.1 DER関連サービスの稼ぎどころの明確化

　DER関連サービスを巡っては、前節でその事業上の位置付けを明確化することが重要であると述べた。すなわちDER関連サービス及びその周辺サービスでどう稼いでいくかのモデルを描くことが重要である。

　例えば、DER関連事業に取り組む事業者は、DER関連サービス統合化のなかで、DER関連サービス及びその周辺サービスを展開することが考えられるが、事業者としては、それぞれのサービスが収益源なのか、収益源に繋げるためのサービスなのかを定義したうえで、顧客に対するサービスの展開シナリオ（すなわち、それぞれのサービスをどのように繋げていくか）を設定することが重要となる。

　DRを例に取れば、海外先進市場などでは、図5-3に示すように、DRを起点として各種エネルギーサービスに繋げる動きが一部の事業者によってとられている。DRサービスでは、顧客が比較的低コスト・低リスクでメリットが得られることから、各事業者はDRを起点に新規顧客の獲得を行う。そして、DRサービスを通じて需要家が保有する設備や電力需要などの情報を入手することで、他のサービスへ展開を狙うことができる。こうして各種エネルギー関連のサービスを展開し、顧客の意思決定者との関係構築を行うことで、他社に対して優位なポジションを構築できる可能性がある。

　事業者としては、このように顧客へのフックとなる商材や、自社の稼ぎどころである「出口商材」を明確化し、その展開シナリオを設定することが重要である。また、事業を行うなかで、定期的に展開シナリオどおりに展開できているかモニタリングしていくことが重要である。例えば、フック商材となっているサービスから、稼ぎどころとなっているサービスに実際に繋がっているかなどをKPIとして設定し、定期的にフォローすることなどが考えられる。

図 5-3　DR を起点としたサービス展開の例

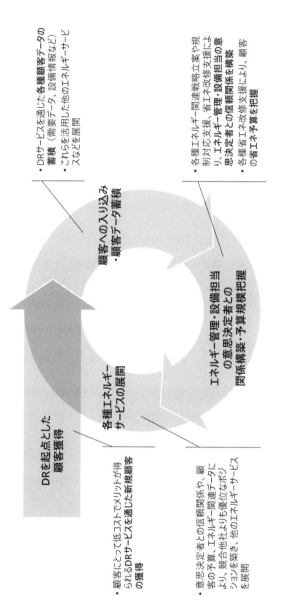

・DRサービスを通じた各種顧客データの蓄積（需要データ、設備情報など）
・これらを活用した他のエネルギーサービスなどを展開

顧客への入り込み
・顧客データ蓄積

・各種エネルギー関連戦略立案や規制対応支援、省エネ改修支援により、エネルギー管理・設備担当の意思決定者との信頼関係を構築
・各種省エネ改修支援により、顧客の省エネ予算を把握

エネルギー・管理・設備担当
の意思決定者との
関係構築・予算規模把握

DRを起点とした
顧客獲得

各種エネルギー
サービスの展開

・顧客にとって低コストでメリットが得られるDRサービスを通じた新規顧客の獲得

・意思決定者との信頼関係や、顧客の予算、エネルギー関連データにより、競合他社よりも優位なポジションを築き、他のエネルギーサービスを展開

出所：野村総合研究所作成

192

5.2.2 プレーヤー間の連携

　提案シナリオを定めたうえでも、事業者としては、必ずしもすべてのサービスを自社で展開できないことも想定される。特にDER関連サービス統合化のなかで、各種サービスを一連のサービスとして展開することになれば、単独の企業ではサービスを提供しきれないことも多いと思われる。したがって、DER関連サービスを展開する事業者としては、他社との連携を行うことで、当該サービスを展開したり、不足機能を補ったりすることが重要となる。

　他社との連携を検討する際には、図5-4に示すように、①必要機能の棚卸し、②必要機能の内外製方針の設定、③不足機能の調達のステップを行うことが想定される。

　「①必要機能の棚卸し」では、想定するサービス（群）に必要となる機能の棚卸しを行う。必要機能としては、商材・サービス軸で棚卸しをしたり、製品製造から販売、運用、保守などのバリューチェーン軸で棚卸しをしたりすることが考えられる。

　このプロセスのなかでは、事業展開上の肝となるKFS（Key Factors for Success）を見極めることが重要である。例えば、DER関連サービスの多くでは、DER関連の予測・制御機能や、正確に制御するためのDERのポートフォリオ、DERを需要家に展開するための顧客チャネルなどがKFSとなる。KFSは、あとにどの機能を自社の中に取り込む必要があるかを検討する際のひとつの判断要素となる。

　「②必要機能の内外製方針の設定」では、①で特定した必要機能について、社内育成・外部人材採用などを通じて内製するか、他社連携などを通じて外部から調達するかの方針を設定する。

　先に挙げたKFSについては、基本的には自社で内部化することが望ましいが、一方で、すべての機能を内部化していては、各種DER関連サービスの統合化が進むなかで、他社に対してスピードで勝てないことも想定

図 5-4　プレーヤー間連携ステップ例

	実施内容	重要なポイント
① **必要機能の棚卸し**	・サービス展開に必要な機能の棚卸し（商材・サービス種の視点や、バリューチェーンの視点などで、必要機能を整理）	・サービス展開上の肝となるKFS（Key Factors for Success）の見定め
② **必要機能の内外製方針の設定**	・必要機能に対して、自社の機能保有状況を確認 ・不足する機能について、内製（社内育成など）か、外部調達（他社連携など）を行うかの方針を設定	・自社の強みの見極め ・KFSを内部化することで優位性を築くことと、外部連携により事業展開のスピードを上げることとのバランスの検討
③ **不足機能の調達（提携・買収など）**	・外部調達機能について、連携や買収などを通じて調達を実施	・他社に対する提供価値の設定

出所：野村総合研究所作成

194

される。反対に、多くの機能を外部から調達して集めても、各種サービスをコーディネートするだけで自社としての稼ぎどころがなかったり、他社に対するサービスの優位性が築けなかったりするリスクがある。そのため、自社の強みが何なのかを見極めたうえで、KFS を内部化することで優位性を築き、収益性を確保することと、外部連携により事業展開のスピードを上げることのバランスを取っていくことが重要である。

最後に「③不足機能の調達」では、外部から調達する機能について、他プレーヤーとの連携や、場合によっては機能を保有する他社の買収を行う。特に事業展開上の KFS を自社で内製化することが難しい場合には、当該機能を有した企業の買収も有力な選択肢となってくるだろう。

なお、③では、連携先プレーヤーを検討する際、自社として手に入れたい機能だけではなく、相手に対する提供価値も合わせて検討し、お互いに意義のある形で連携の形を目指すことが必要である。

5.2.3 制度把握と働きかけ

今後、電力システムの分散化が進み、DER のさらなる普及とその有効活用が進むという大きな方向性は、ほぼ間違いがないだろう。しかし、DER 関連サービスの具体的な顕在化・拡大時期や、DER 関連サービスの詳細なレベルでの提供方法・業務・収益源は、今後の制度設計に依存するところが大きい。一方で、2 章で見てきたように、震災以後の電力システム改革以来、エネルギー制度は大きく変わってきており、かつ、試行錯誤をしながら絶え間ない変更を重ねてきている。

したがって、DER 関連サービスに取り組む事業者としては、こうした制度動向を継続的に注視することが重要である。事業者としてフォローすべき項目は、需給調整市場や容量市場などの市場の立ち上がり時期、ルール設計などのビジネスモデルの根幹に影響する大きな枠組みから、ベースライン算定方法の変更などの運用上のルールまで多岐に渡るが、これらによ

り事業者が受ける影響は大きいこともまた事実である。

　また、市場をリードしようとするプレーヤーにとっては、こうした制度
動向をウォッチするだけではなく、むしろ市場をあるべき姿に向かわせる
ためのロビイングをすることも重要である。例えば、国が実施する実証事
業に参加したり、関係省庁に意見陳情するなどして、事業者の目線で制度
課題を指摘し、その解決策を提案していく姿勢が求められる。

　各事業者にとっては、こうした制度の動きをフォローするだけでも大変
な労力が必要な作業であり、一朝一夕で、深い論点まで理解することは難
しいものと想定される。社内で制度動向をウォッチしたり、ロビイングを
行うチームを組成することも一手ではあるものの、専門人材の獲得や育成
が必要となるため、外部専門家を活用していくことも有効な選択肢のひと
つとなるだろう。

5.2.4　不透明性が残るなかでの意思決定・事業開発

　5.2.3項では、制度動向を継続的にウォッチし、制度設計に対して積極
的な働きかけを行っていくことの重要性を述べたが、一方で、いくらこれ
らの活動を行ったとしても、依然として将来の事業環境に不透明性が残る
のは事実である。原子力発電所の新増設・再稼働などのように見通しが難
しいものや、ここ数年で俄かに問題となった電力需給のひっ迫のように、
急激な事業環境変化が起こることもあり得る。

　したがって、事業者としては、事業環境に不透明性が残るなかで意思決
定を行っていくことが必要になる。具体的には、DER関連事業に取り組む
事業者には「①不確実性があるなかでも大局観に基づいた一貫した姿勢」
に加えて、「②目まぐるしく変わる制度・市場に臨機応変に対応していく
姿勢」という一見矛盾する2つの姿勢を兼ね備えることが求められる。

　①に関しては、本書で見てきたように、大局的に見て電力システムの分
散化やDER関連サービスの統合化が進むといった方向性は、蓋然性が高

いといえるだろう。事業者としては、この大きな流れに向けて長期的な目線での計画を作り、投資を行っていくことが重要である。特に本書で紹介したようなDER関連サービスは、必ずしも足元から儲かる訳ではないケースが多い。DER関連サービスの市場の立ち上がりは、日々のカーボンニュートラルや再生可能エネルギー活用などに関する報道などで受ける印象とは裏腹に、時間がかかるものも多い。このため、経営層と事業担当者の間で、DER関連サービスの取り組みに関する意見が擦り合わないということも想定される。「言うは易く行うは難し」ではあるものの、大局観を持って将来的な市場成立を冷静に見据えつつ、足元で収益を獲得できるビジネスモデルを構築していくことが求められる。

　一方、②に関して、制度変更などにより柔軟な対応が必要な局面は、今後も発生するものと想定される。例えば、需給調整市場（3次調整力②）については、未だ開始間もないものの、既に今後、ブロック時間の見直しなどの変更が予定されている。[71] また、DER関連事業にインパクトを与え得るものとして、低圧リソースの需給調整市場参画が挙げられるが、これは、かねてより制度設計において検討課題として挙がっているものの、いつ、どのような形で結実するかについては未だ見通しにくい部分がある。

　このような不透明性があるなかで、DER関連の事業開発を行っていくためには、組織の体制やシステム開発などについても、なるべく硬直的な形とせずに、変化に対して柔軟に対応できるようなものとしておくことが重要である。

おわりに

　本書では、分散型エネルギーリソース（DER）について、市場環境、政策制度、関連サービスとその潮流及び関連企業への示唆を述べてきた。

　まず、1章においては、日本国内においてDERの導入拡大が進んできており、今後もさらに普及が進む見通しであることを述べた。そして、再生可能エネルギーの普及拡大などにより、さまざまな電力システム運営上の課題が生じてきているものの、DERをうまく活用していくことができれば、これらの課題に対して有効な打ち手となり得ることを述べた。

　次いで、2章では、DERに関わる制度・政策として、DER導入促進に資するものと、DERの活用促進に資するものを紹介した。本書では紙面の都合上、代表的な制度・政策を取り上げ、その経緯や論点・見通しについても主なものに限ってお示しをした。しかし、ご紹介したものだけでも、非常に多くの制度・政策がDERに深く関連しており、それらが変わり続けてきていることを感じていただけたのではないかと思う。

　3章では、日本国内で顕在化しつつあるDER関連サービスを取り上げ、それぞれのサービス概要とサービス事例を述べた。「はじめに」で述べたように、5、6年前には、海外の先進ビジネスモデルとして取り上げていたようなDER関連サービスが、既に国内のプレーヤーにより事業化されつつある状況をお示しした。

　続く4章では、DER関連サービスの統合化の動きを「エネルギーサービス内の統合」と「非エネルギーサービスとの連携・統合」を大分類とする複数の視点で整理した。このような統合化の動きは、今後ますます進展していくことが想定される。

　そして5章では、DER関連事業を展開するうえで複数の困難なポイントがあることをについて述べ、その対応策として、稼ぎどころの明確化、プレーヤー間連携、制度把握と働きかけ及び不確実性が残るなかでの意思決

定などが求められていくことを述べた。

　「はじめに」でも述べたように、拙著『エネルギー業界の破壊的イノベーション』を刊行した2018年頃は、海外の先進プレーヤーのサービスに着想を得て、国内で事業開発を行うアプローチが多かった。しかし、近年は、国内のDER関連制度が整えられ、市場が顕在化しつつある点で、国内でDER関連の事業開発を行う環境も整ってきたといえる。一方で、制度設計が各所で進められており、それらの全体像を概観することが難しくなってきたことや、DER関連事業を展開するなかでの難しさが見えてきたこともまた事実である。そのため本書では、国内市場に焦点を当て、DERがエネルギーシステムにもたらすポテンシャルや関連制度の全体像を概観したうえで、DER関連サービスの潮流や事業検討を行う際のポイントを整理することを主たる目的とした。本書を通じて、読者の皆様が、DERが持つポテンシャルや関連制度に関するご理解を深め、関連事業をご検討されるうえで何らかの気付きを得るきっかけとなったのであれば幸いである。

　最後に、DER関連サービスに取り組まれている各事業者の皆様、政策・制度策定に取り組む経済産業省資源エネルギー庁の皆様及び学識有識者の皆様には、この場を借りて深く御礼を申し上げたい。関係各位には、日々の業務や検討会・勉強会などの場を通じて、最新動向のご共有やご指導をいただいており、皆様からいただいた知見・気付きにより、本書を取りまとめることができた。また、本書を刊行するにあたり、拙著『エネルギー業界の破壊的イノベーション』から引き続き、エネルギーフォーラム出版部の山田衆三氏にご支援をいただいた。改めて感謝申し上げる。

2022年11月

野村総合研究所

筆者一同

〈参照文献〉

1. 滝雄二朗、佐藤仁人、前田一樹、向井肇 . エネルギー業界の破壊的イノベーション . 2018.
2. 株式会社野村総合研究所 . 平成 26 年度新エネルギー等導入促進基礎調査 国内におけるインセンティブ型 DR に関する調査 報告書 . 2015.
3. 資源エネルギー庁 . 第 6 次エネルギー基本計画 . 2021.
4. 資源エネルギー庁 . 2030 年度におけるエネルギー需給の見通し . 2021.
5. 資源エネルギー庁 . エネルギー・リソース・アグリゲーション・ビジネスに関するガイドライン . 2020 年 6 月 1 日（改定）.
6. 資源エネルギー庁 . 定置用蓄電システム普及拡大検討会 . (オンライン) (引用日 : 2022 年 8 月 15 日 .) https://www.meti.go.jp/shingikai/energy_environment/storage_system/index.html.
7. 資源エネルギー庁 . 総合エネルギー調査会 省エネルギー・新エネルギー分科会／電力・ガス事業分科会 再生可能エネルギー大量導入・次世代電力ネットワーク小委員会 . (オンライン) (引用日 : 2022 年 8 月 15 日 .) https://www.meti.go.jp/shingikai/enecho/denryoku_gas/saisei_kano/index.html.
8. 資源エネルギー庁 . 総合資源エネルギー調査会 省エネルギー・新エネルギー分科会 新エネルギー小委員会／電力・ガス事業分科会電力・ガス基本政策小委員会 系統ワーキンググループ . (オンライン) (引用日 : 2022 年 8 月 15 日 .) https://www.meti.go.jp/shingikai/enecho/shoene_shinene/shin_energy/keito_wg/index.html.
9. 電力広域的運営推進機関 . 調整力及び需給バランス評価等に関する委員会 . (オンライン) (引用日 : 2022 年 8 月 15 日 .) https://www.occto.or.jp/iinkai/chouseiryoku/.
10. 公益財団法人地球環境産業技術研究機構 (RITE). 2050 年カーボンニュートラルのシナリオ分析（中間報告）. 2021.
11. 資源エネルギー庁 . バーチャルパワープラント・ディマンドリスポンスについて . (オンライン) (引用日 : 2022 年 7 月 30 日 .) https://www.enecho.meti.go.jp/category/saving_and_new/advanced_systems/vpp_dr/index.html.
12. 資源エネルギー庁 . 分散型エネルギーシステムへの新規参入のための手引き . 2021.
13. 資源エネルギー庁 . 総合資源エネルギー調査会 電力・ガス事業分科会 電力・ガス基本政策小委員会 制度検討作業部会 . (オンライン) (引用日 : 2022 年 8 月 15 日 .) https://www.meti.go.jp/shingikai/enecho/denryoku_gas/denryoku_gas/seido_kento/index.html.
14. 資源エネルギー庁 . エネルギー・リソース・アグリゲーション・ビジネス検討会 . (オンライン) https://www.meti.go.jp/shingikai/energy_environment/energy_resource/index.html.
15. 一般社団法人日本卸電力取引所 . 取引結果 . (オンライン) (引用日 : 20228 年 8 月 13 日 .)
16. 一般社団法人日本卸電力取引所 . スポット市場における価格感応度 . (オンライン) (引用日 : 2022 年 8 月 13 日 .)
17. 資源エネルギー庁 . 総合資源エネルギー調査会 基本政策分科会 再生可能エネルギー主力電源化制度改革小委員会 . (オンライン) (引用日 : 2022 年 8 月 15 日 .) https://www.enecho.meti.go.jp/committee/council/basic_policy_subcommittee/#saiene_

shuryoku.

18. 一般社団法人環境共創イニシアチブ. 令和4年度 再生可能エネルギーアグリゲーション実証事業. (オンライン) (引用日: 2022年8月15日.) https://sii.or.jp/saieneaggregation04/.

19. 資源エネルギー庁. 調達価格等算定委員会. (オンライン) (引用日: 2022年8月15日.) https://www.meti.go.jp/shingikai/santeii/.

20. 資源エネルギー庁. 総合資源エネルギー調査会 省エネルギー・新エネルギー分科会 省エネルギー小委員会. (オンライン) (引用日: 2022年8月15日.) https://www.meti.go.jp/shingikai/enecho/shoene_shinene/sho_energy/index.html.

21. 資源エネルギー庁. 総合資源エネルギー調査会 電力・ガス事業分科会 電力・ガス基本政策小委員会. (オンライン) (引用日: 2022年8月15日.) https://www.meti.go.jp/shingikai/enecho/denryoku_gas/denryoku_gas/index.html.

22. 資源エネルギー庁. 総合資源エネルギー調査会 基本政策分科会 持続可能な電力システム構築小委員会. (オンライン) (引用日: 2022年8月15日.) https://www.enecho.meti.go.jp/committee/council/basic_policy_subcommittee/#system_kouchiku.

23. 資源エネルギー庁. 特定卸供給事業者一覧. (オンライン) (引用日: 2022年8月15日.) https://www.enecho.meti.go.jp/category/electricity_and_gas/electricity_measures/009/list/aguri-list.html.

24. 資源エネルギー庁. 特定計量制度及び差分計量に係る検討委員会. (オンライン) (引用日: 2022年8月15日.) https://www.meti.go.jp/shingikai/energy_environment/keiryo_seido/index.html.

25. 経済産業省. 特定計量制度に係るガイドライン. 2022.

26. 電力・ガス取引監視等委員会. 制度設計専門会合. (オンライン) (引用日: 2022年10月31日.) https://www.emsc.meti.go.jp/activity/index_system.html.

27. 電力広域的運営推進機関. 容量市場の在り方等に関する検討会・勉強会. (オンライン) (引用日: 2022年8月15日.) https://www.occto.or.jp/iinkai/youryou/index.html.

28. 電力広域的運営推進機関. 2026年度実需給向け 容量市場 参加登録時の提出書類(当機関指定様式). (オンライン) (引用日: 2022年9月18日.) https://www.occto.or.jp/market-board/market/youryou-system/youryousystem_sankatouroku/2026_jitsujukyu.html.

29. 電力広域的運営推進機関. 需給調整市場検討小委員会. (オンライン) (引用日: 2022年8月18日.) https://www.occto.or.jp/iinkai/chouseiryoku/jukyuchousei/.

30. 国立研究開発法人新エネルギー・産業技術総合開発機構 (NEDO). 「電力系統の混雑緩和のための分散型エネルギーリソース制御技術開発に向けたフィージビリティスタディ」に係る公募について. (オンライン) (引用日: 2022年8月15日.) https://www.nedo.go.jp/koubo/AT522_100113.html.

31. California ISO. Energy storage and distributed energy resources. (オンライン) (引用日: 2022年8月7日.) https://stakeholdercenter.caiso.com/StakeholderInitiatives/Energy-storage-and-distributed-energy-resources.

32. ジャパン・リニューアブル・エナジー株式会社. ニュースリリース「当社初の蓄電池併設型太陽光発電所の建設を開始　Tesla 社の大型蓄電システム Megapack を導入し新たな事業モデルを実証」. (オンライン) 2021 年 11 月 15 日. (引用日: 2022 年 9 月 2 日.) https://www.jre.co.jp/news/pdf/news_20211115.pdf.

33. 株式会社グローバルエンジニアリング. プレスリリース「再エネ電力の需給調整業務と日本初の系統用蓄電池発電所「北海道・千歳バッテリーパワーパーク」設置に向けた準備開始のお知らせ」. (オンライン) 2021 年 8 月 19 日. (引用日: 2022 年 8 月 26 日.) https://www.g-eng.co.jp/share/notice/1/91/files/20210819_chitose-batterypowerpark.pdf.

34. ネクストエナジー・アンド・リソース株式会社. 住宅用蓄電システム iedenchi. (オンライン) (引用日: 2022 年 8 月 26 日.) https://pd.nextenergy.jp/special/iedenchi/.

35. ネクストエナジー・アンド・リソース株式会社. 産業用リチウムイオン蓄電システム REVOLZA 製品パンフレット. (オンライン) (引用日: 2022 年 8 月 26 日.) https://pd.nextenergy.jp/assets/pdf/pamphlet/revolza.pdf.

36. 伊藤忠商事株式会社. 次世代蓄電システム スマートスター. (オンライン) (引用日: 2022 年 8 月 26 日.) https://www.smartstar.jp/.

37. 一般財団法人電力中央研究所. EV アグリゲーションによる VPP 実証の可能性評価 - 九州 V2G 実証事業における当所の 3 か年成果 -. (オンライン) 2021 年 8 月. (引用日: 2022 年 8 月 26 日.) https://criepi.denken.or.jp/hokokusho/pb/reportDetail?reportNoUkCode=GD21001.

38. 株式会社ダイヘン. ニュースリリース「【国内初】「エネルギーマネジメント対応 EV 充電パッケージ」販売開始」. (オンライン) 2022 年 3 月 14 日. (引用日: 2022 年 8 月 26 日.) https://www.daihen.co.jp/newinfo_2022/pdf/22031402.pdf.

39. BIPROGY 株式会社. エネルギー管理サービス Enability EMS. (オンライン) (引用日: 2022 年 8 月 26 日.) https://pr.biprogy.com/solution/lob/energy/ems/evsmart.html.

40. 資源エネルギー庁. VPP・DR とは. (オンライン) (引用日: 2022 年 8 月 26 日.) https://www.enecho.meti.go.jp/category/saving_and_new/advanced_systems/vpp_dr/about.html.

41. エネルエックス・ジャパン株式会社. エネルエックス・ジャパン、容量市場にて 1GW 超えの落札. (オンライン) 2020 年 10 月 7 日. (引用日: 2022 年 9 月 2 日.) https://www.enelx.com/jp/ja/resources/enel-x-to-supply-more-than-1gw-of-dr-to-new-capacity-market-.

42. エネルエックス・ジャパン株式会社. 緊急容量. (オンライン) (引用日: 2022 年 9 月 2 日.) https://www.enelx.com/jp/ja/demand-response/emergency-capacity.

43. 九州電力株式会社・SB パワー株式会社. プレスリリース「「家庭向け DR サービス」の参加者が 1 万 8 千世帯を突破！　－スマホアプリを活用した節電（下げ DR）効果に加え、需要創出（上げ DR）の有効性も確認－」. (オンライン) 2021 年 7 月 7 日. (引用日: 2022 年 8 月 26 日.) https://www.kyuden.co.jp/press_h210707b-1.html.

44. 一般社団法人環境共創イニシアチブ. 令和 4 年度 再生可能エネルギーアグリゲー

ション実証事業. (オンライン) (引用日 : 2022 年 8 月 26 日 .) https://sii.or.jp/saieneaggregation04/.

45. 一般社団法人環境共創イニシアチブ. 令和 4 年度 蓄電池等の分散型エネルギーリソースを活用した次世代技術構築実証事業費補助金（再エネ発電等のアグリゲーション技術実証事業のうち再生可能エネルギーアグリゲーション実証事業）採択結果について. (オンライン) 2022 年 6 月 1 日. (引用日 : 2022 年 8 月 26 日 .) https://sii.or.jp/saieneaggregation04/uploads/R4SAIENE_saitakukekka.pdf.

46. 東芝エネルギーシステムズ株式会社・東芝ネクストクラフトベルケ株式会社. ニュースリリース「「再エネアグリゲーションサービス」開始のお知らせ」. (オンライン) 2022 年 5 月 17 日. (引用日 : 2022 年 8 月 26 日 .) https://www.global.toshiba/jp/news/energy/2022/05/news-20220517-01.html.

47. 株式会社クリーンエナジーコネクト. 再生可能エネルギーの導入・調達コンサルティング. (オンライン) (引用日 : 2022 年 8 月 26 日 .) https://cleanenergyconnect.jp/.

48. 京セラ株式会社. ニュースリリース「滋賀県野洲市における国内初、蓄電池を活用した再生可能エネルギー「自己託送」実証実験の開始について」. (オンライン) 2020 年 7 月 1 日. (引用日 : 2022 年 9 月 2 日 .) https://www.kyocera.co.jp/news/2020/0701_gpqc.html.

49. 株式会社アイ・グリッド・ソリューションズ. プレスリリース「アイグリッド × VPP Japan ×バロー　再エネ導入量を最大化する「余剰電力循環モデル」国内初の導入開始」. (オンライン) 2021 年 8 月 30 日. (引用日 : 2022 年 8 月 26 日 .) https://www.igrid.co.jp/2021/08/30/release20210830/.

50. 株式会社アイ・グリッド・ソリューションズ. プレスリリース「VPP Japan サプライチェーン企業を中心とした 国内最大規模となる太陽光 PPA サービス契約 累計 全国 600 施設 発電容量 150,000kW を突破」. (オンライン) 2022 年 4 月 1 日. (引用日 : 2022 年 8 月 26 日 .) https://www.igrid.co.jp/2022/04/01/release20220401/.

51. 資源エネルギー庁. 地域マイクログリッド 構築の手引き. (オンライン) 2021 年 4 月 16 日. (引用日 : 2022 年 8 月 26 日 .) https://www.meti.go.jp/shingikai/energy_environment/energy_resource/pdf/015_s01_00.pdf.

52. 東急不動産株式会社. 松前町における地域マイクログリッド構築に向けたマスタープラン作成事業. (オンライン) (引用日 : 2022 年 8 月 26 日 .) https://www.hkd.mlit.go.jp/ky/ki/renkei/splaat000001iy20-att/splaat00000218ka.pdf.

53. 来間島地域マイクログリッド構築事業コンソーシアム（株式会社ネクステムズ、沖縄電力株式会社、株式会社宮古島未来エネルギー、宮古島市）. ニュースリリース「宮古島市来間島における地域マイクログリッドによる 100% 電力供給について」. (オンライン) 2022 年 6 月 8 日. (引用日 : 2022 年 8 月 26 日 .) https://www.okiden.co.jp/shared/pdf/news_release/2022/220608.pdf.

54. 資源エネルギー庁. 次世代技術を活用した新たな電力プラットフォームの在り方研究会 事務局資料）. 2019.

55. トヨタ自動車株式会社. P2P 電力取引システムの共同実証実験で有効性を確認. (オンライン) 2020 年 11 月 13 日. (引用日 : 2022 年 8 月 9 日 .) https://www.toyota.co.jp/jpn/tech/partner_robot/news/20201113_01.html.

56. 三菱電機株式会社 . P2P 電力取引を最適化するブロックチェーン技術 . (オンライン) (引用日：2022 年 8 月 9 日 .) https://www.mitsubishielectric.co.jp/corporate/randd/list/heavy_electric/b245/index.html.

57. 株式会社エナリス . ニュースリリース「取引相手の可視化がつくりだすカスタマーエクスペリエンス P2P 電力取引プラットフォームに新たな可能性」. (オンライン) 2021 年 4 月 26 日 . (引 用 日：2022 年 8 月 9 日 .) https://www.eneres.co.jp/news/release/20210426.html.

58. 株式会社 UPDATER. ニュースリリース「発電所を指定した電力購入を可能にする、P2P 電力トラッキングシステムの他社販売を開始」. (オンライン) 2021 年 6 月 9 日 . (引用日：2022 年 8 月 9 日 .) https://minden.co.jp/news/2021/06/29/4456.

59. デジタルグリッド株式会社 . Service. (オンライン) (引用日：2022 年 8 月 9 日 .) https://www.digitalgrid.com/service.

60. TRENDE 株式会社 . ほっとでんき . (オンライン) (引用日：2022 年 7 月 25 日 .) https://hotdenki.jp/.

61. TRENDE 株式会社 . まるまるでんき　プラン内容 . (オンライン) (引用日：2022 年 7 月 25 日 .) https://marumaru-denki.jp/plan.

62. 関西電力株式会社 . かんでん暮らしモール . (オンライン) (引用日：2022 年 7 月 25 日 .) https://kepco.jp/miruden/kurashimall/guide#content04.

63. 関西電力株式会社 . プレスリリース「暮らしのお役に立つ EC モール「かんでん暮らしモール」のオープンについて」. (オンライン) 2022 年 3 月 1 日 . (引用日：2022 年 7 月 25 日 .) https://www.kepco.co.jp/corporate/pr/2021/0301_1j.html.

64. KDDI 株式会社 . ニュースリリース「au エネルギーホールディングスと au エネルギー＆ライフが事業開始」. (オンライン) 2022 年 7 月 1 日 . (引用日：2022 年 7 月 25 日 .) https://news.kddi.com/kddi/corporate/newsrelease/2022/07/01/6148.html.

65. TEPCO ホームテック株式会社 . ニュースリリース「大型戸建て建売分譲地に「エネカリ」が採用されました！」. (オンライン) 2021 年 7 月 6 日 . (引用日：2022 年 7 月 25 日 .) https://www.tepco-ht.co.jp/enekari/news/1076.html.

66. 本田技研工業株式会社 . ニュースリリース「EV 向けエネルギーマネジメントサービス「e:PROGRESS」を英国で開始」. (オンライン) 2021 年 4 月 14 日 . (引用日：2022 年 7 月 25 日 .) https://www.honda.co.jp/news/2021/c210414.html.

67. 株式会社日立製作所 . エネルギー＆ファシリティマネジメントサービス . (オンライン) (引用日：2022 年 7 月 25 日 .) https://www.hitachi.co.jp/products/energy/EFaaS/index.html.

68. Sonnen. sonnenFlat. (オンライン) (引用日：2022 年 8 月 26 日 .) https://sonnen.de/stromtarife/sonnen-flat/.

69. 電力広域的運営推進機関 . 容量市場メインオークション約定結果（対象実需給年度：2024 年度）. (オンライン) 2020 年 9 月 14 日 . (引用日：2022 年 8 月 26 日 .) https://www.occto.or.jp/iinkai/youryou/kentoukai/2020/files/youryou_kentoukai_27_05.pdf.

70. 電力広域的運営推進機関 . 容量市場メインオークション約定結果（対象実需給年度：2025 年度）. (オンライン) 2021 年 12 月 22 日 . (引用日：2022 年 8 月 26 日 .) https://

www.occto.or.jp/market-board/market/oshirase/2021/files/211222_mainauction_
keiyakukekka_kouhyou_jitsujukyu2025.pdf.
71. 電力需給調整力取引所. 需給調整市場における三次調整力①、②の取引状況について. (オ
ンライン) 2022 年 4 月 25 日 . (引用日 : 2022 年 8 月 29 日 .) https://www.meti.go.jp/
shingikai/enecho/denryoku_gas/denryoku_gas/seido_kento/pdf/064_05_01.pdf.

〈略語集〉

BTM	Behind-the-meter
CAISO	California ISO; California Independent System Operator
CCUS	Carbon dioxide Capture,Utilization and Storage
DER	Distributed Energy Resources
DR	Demand Response
DSR	Demand-side Resources
ERAB	Energy Resource Aggregation Business
ERCOT	Electric Reliability Council of Texas
EV	Electric Vehicle
FCV	Fuel Cell Vehicle
FIT	Feed in Tariff
FIP	Feed in Premium
FTM	Front-of-the-meter
HEMS	Home Energy Management System
JEPX	Japan Electric Power Exchange
KFS	Key Factors for Success
JEPX	Japan Electric Power Exchange
P2P	Peer to Peer
PHV	Plug-in Hybrid Vehicle
PPA	Power Purchase Agreement
TPO	Third Party Ownership
UX	User Experience
V2G	Vehicle to Grid
V2H	Vehicle to Home
VC	Value Chain
VPP	Virtual Power Plant
ZEH	Zero Emission House

〈著者紹介〉

佐藤 仁人　さとう・よしひと
野村総合研究所
サステナビリティ事業コンサルティング部　グループマネージャー
早稲田大学創造理工学研究科経営システム工学専攻修了後、野村総合研究所入社。英国ケンブリッジ大学経営学修士修了。主にエネルギー分野における政策制度立案、事業戦略策定、新規事業開発に関わるコンルティング・実行支援に従事。近年は、グリーントランスフォーメーショングループのマネージャーとして、社会経済のグリーントランスフォーメーション実現のために、エネルギー業界に限らないコンサルティングサービスの提供も担う。

前田 一樹　まえだ・かずき
野村総合研究所
サステナビリティ事業コンサルティング部　シニアコンサルタント
東京大学大学院工学系研究科システム創成学専攻修了後、野村総合研究所入社。主にエネルギー分野における政策制度立案、事業戦略策定、新規事業開発に関わるコンルティング・実行支援に従事。近年は、カーボンニュートラルを契機とした民間企業の事業開発・組織改革・実行支援や、グローバル展開支援などに取り組んでいる。

濵野 功大　はまの・こうだい
野村総合研究所
サステナビリティ事業コンサルティング部　シニアコンサルタント
東京大学大学院工学系研究科社会基盤学専攻修了後、野村総合研究所入社。主にエネルギー分野における政策制度立案、事業戦略策定、新規事業開発に関わるコンルティング・実行支援に従事。近年は、特に分散型エネルギーリソースの導入・活用に関わる政策制度検討や事業開発などに取り組んでいる。

分散型エネルギーリソースビジネス大全

2022 年 12 月 28 日　第一刷発行

著　者	株式会社野村総合研究所
発行者	志賀正利
発行所	株式会社エネルギーフォーラム
	〒 104-0061 東京都中央区銀座 5-13-3　電話 03-5565-3500
印刷・製本所	中央精版印刷株式会社
ブックデザイン	エネルギーフォーラム デザイン室

定価はカバーに表示してあります。落丁・乱丁の場合は送料小社負担でお取り替えいたします。